요한이야기

– 요한복음 · 요한 1, 2 3서 · 요한계시록 직역 큐티

요한이야기

– 요한복음 · 요한 1, 2 3서 · 요한계시록 직역 큐티

김상수 목사 지음

문서사역
|종|려|가|지|

추천사 1

나는 오늘날에도 종교개혁이 일어날 수 있는지 자주 질문을 받는다. 그런 질문을 받을 때마다 일어날 수 없다고 한 마디로 딱 잘라 말한다.

다각적인 이유가 많이 있겠지만 그 가운데 하나는 문서와 관련된 것이다. 그 시대는 인쇄술이 우리보다 훨씬 못 미치는 상황이었음에도 불구하고, 유럽 각지에서 개혁의 기치를 따르는 인물들이 자국어로 다양한 성경을 번역하여 출판하는 데 앞을 다투었다. 게다가 성경 번역과 함께 신교 목회자들이 혼신의 힘을 다해서 성경을 풀어내는 글을 써서 출판하였다.

이와 달리, 오늘날 교회는 성경을 새롭게 번역하는 데 힘쓰지 않을 뿐 더러 목회자들은 성경을 해설하는 글을 내는 데 힘쓰지 않는다. 이런 실정에서 무슨 종교개혁이 일어나겠는가?

금 번에, 성경 원문을 직역하면서 풀이한 김상수 목사님의 해설서가 세상에 빛을 보았다. 목사님은 신학교 시절부터 지금까지 40년 세월을 원문과 씨름하면서 성경을 연구하였다.

그는 성경 원문이 골수까지 배여 있는 분으로 우리말 어법을 따르는 매끄러운 번역보다 원문의 느낌을 되도록 그대로 살리는 번역에 충실하다. 때때로 이런 번역이 쉽게 읽히지는 않을지 모르겠으나 성경의 진의를 파악하는 데는 훨씬 유익하다는 사실을 놓치면 안 된다. 단번에 이해되지 않기에 곱씹어 볼만하지 않은가.

또한 목사님의 해설은 본문을 우리의 현실에 적용하고 있다는 점에서 큰 공헌을 한다. 그는 단어와 문장을 세세하게 따지는 것보다 전체 문맥의 의미를 우리의 처지에서 드러내는 데 주력한다. 이렇게 하여 성경은 옛날의 문서가 아니라 오늘의 설교로 변한다.

한 마디로 말해서 그의 해설을 읽으면 믿음으로 살도록 고무하는 뜨거운 감동을 느끼게 된다. 이런 의미에서 김상수 목사님의 성경 원문 직역 해설은 종교개혁을 우리 시대로 연장시키는 놀라운 도구임에 틀림없다.

조 병 수

합동신학대학원대학교 총장 역임 / 명예교수
프랑스 위그노 연구소 대표

추천사 2

사랑하고 존경하는 김상수 목사님께서 매일 아침마다 변함없이 카톡으로 하나님의 귀한 말씀을 배달해 주고 있습니다.

이 말씀을 읽으면서 하루 일과를 시작 하면 영적으로 든든하고 너무 소중한 하루가 되고 있습니다.

이 말씀의 특징은 원문주해 뿐 아니라 본문을 깊이 연구해서 하나님의 뜻을 잘 드러내고 적용까지 아주 쉽게 해줘서 누구나 쉽게 접할 수 있습니다.

따라서 말씀을 연구하는 목회자들에게나 신학생들, 해외 선교사들과 모든 성도들에게 큰 도움이 될 것으로 여겨져 적극 추천 하고 싶습니다.

감사합니다.

이 주 형

목사 / 오정성화교회 / 합신 증경 총회장

추천사 3

저는 오늘날 조국교회의 가장 시급한 과제는 교회의 강단개혁이라고 믿는다. 강단개혁은 자신의 심령을 날마다 개혁함을 의미한다.

이미 신학을 공부한 목사, 선교사는 계속 자기 자신을 업그레이드 해야 한다. 갓 구워낸 빵과 시원한 생수를 날마다 목사와 선교사는 먹고 마셔야 한다. 이것은 그냥 구호로 되는 것이 아니다. 그야말로 주입(eisegesis)이 아니라, 원액의 말씀을 주해(exegesis)해야 한다.

전세계 선교사들의 카톡방, SNS에는 하루에도 수많은 말씀묵상, 성경해석, 개인묵상의 글들이 쏟아져 나온다. 솔직히 필자는 그런 글에는 눈길도 주지 않는다. 함량미달의 글들에 너무 많아 식상했다.

그런데 김상수(주명교회) 목사의 글은 참으로 신선하였다. 순수한 원액의 말씀이다.

그는 신학교를 졸업한 후에도 지난 30여 년간 오로지 원어연구에 올인하였다. 그의 묵상의 글을 여러 사람과 나누게 된 것도 " 한 영혼"을 먹이기 위함에서 비롯되었다.

12년 전, 김 목사가 섬기는 교회의 청년 중 한 청년은 직장이 늦게 끝나게 되어 성경공부 모임에 참여하지 못하였다. 그 한 청년을 개인 양육하기 위해 묵상 글을 쓰게 된 것이다. 이 얼마나 아름다운 선한 목자의 마음 인가?

세 가지 면에서 나는 김상수 목사의 성경원문 직역 카톡 묵상집을 적극 추천하고 싶다.

첫째는, 그의 성경원문 직역을 읽으며 하나님의 본심을 느끼게 한다. 때로는 투박스러운 번역 같지만 그 안에 "생명의 빛" 이 보이며 들리는 것 같아 너무나 좋다.

둘째는, 성경 1장을 전체 문맥을 꿰뚫으면서 하나님의 뜻을 밝히 드러내는 묵상이 돋보인다. 성경읽기의 가장 중요한 원칙은 "영적으로/성경 그 자체를 읽는 것"이다. 곧 성령님의 영감을 받아 읽어야 한다는 뜻이다. 성경은 "오직 성령께서 가르치신 것으로 하니 영적인 것은 영적인 것으로 분별"(고전 2:13)하기 때문이다.

마지막으로, 김목사의 간결한 글쓰기가 너무 시원시원하여 좋다. 시각적으로 읽히는 글이다. 그리고 묵상한 말씀으로 하나님께 올려 드리는 마무리 기도 또한 압권이다.

배 안 호

선교사 / GMS, 파라과이

서문

하나님의 부르심 가운데 40년 전, 수원의 합동신학원에서 개혁신학을 접하게 하셨습니다. 30년의 연단 후에, 하나님의 섭리 가운데 직장의 늦은 퇴근으로 성경공부 그룹에 들어오지 못하는, 섬기는 교회의 청년을 양육하기 위해 카톡으로 성경직역 원문강해가 시작되었습니다.

14년 동안 하루도 거를 수가 없었습니다. 하나님께서 강권하시는 역사 가운데 말씀으로 저를 사로잡아주셨기 때문입니다.

주명교회 성도들과 예수 그리스도 안에서 함께 지어져 가는 수많은 지체들에게 성경 66권의 진리를 드러낼 수 있도록 은혜를 주신 삼위일체 하나님께 영광을 돌립니다.

연약한 저를 위해 기도하시는 수많은 지체들에게 감사드립니다. 하나님의 은혜와 말씀을 사랑하고 사모하는 지체들의 뜨거운 요청에 힘입어 카톡큐티로 쓴 성경직역 원문 강해서를 출판하게 되었습니다. 역사적인 전통적 교회의 입장인 성경론과 신론, 인죄론 기독론 구원론과 교회론을 터로 삼았습니다.

역사적으로 검증되고 공적으로 선포된 초대 교부들의 표준문서와 16세기, 17세기에 걸친 종교개혁자들의 표준문서를 울타리로 삼았습니다.

- 원문에 근거한 문법적 해석을 했습니다.
- 성경에 나타난 각 시대의 역사적 상황과 교회사를 고려 했습니다.

- 성령님의 조명으로 현 시대에 알맞게 적용하려고 했습니다.
- 성경 66권에서 말씀 하시는 바른 교리, 바른 예배와 바른 교회법을 드러내기 위해 힘썼습니다.

성경 66권에서 가르치시는 인생의 본분인 하나님을 영화롭게 하고 하나님을 기뻐하고 즐거워 하며 하나님을 경외하고 하나님 말씀에 순종하며 삼위 일체 하나님과 예수 그리스도와의 거룩한 다스림에 날마다 참여되며 삼위일체 하나님과 예수 그리스도를 날마다 알아가고 닮아가는 우리들이 되기를 소원하는 마음으로 썼습니다.

하나님의 창조와 재창조의 사역과 성자 하나님의 구속사역과 성령 하나님의 성화와 은총 가운데서 잃어버린 양들을 찾고 잃어버린 양들을 하나님께서 받으시는 산제물이 되게 하시는 거룩한 사역에 참여되는 우리 모두가 되기 위하여 썼습니다.

지체들의 성원에 힘입어 '요한이야기'를 내어 놓게 되었습니다. 헌신하신 주명교회 성도님들과 사랑하는 아내와 아들과 종려가지 출판사 대표이신 한치호 목사님과 평창의 백기호 목사님께 깊은 감사를 드립니다.

예수 그리스도 안에서 더불어 함께 지어져 가는 모든 공시적 보편된 교회와 그 지체들에게 카톡 큐티로 쓴 성경직역 원문강해서를 바칩니다.

오직 하나님께 영광 돌립니다.

2023년 11월

김 상 수

목사 / 대한예수교장로회 주명교회

차례

요한복음

요한 1, 2, 3서

요한계시록

요한복음

요한복음 1장 1절

"태초에 말씀이 계시니라 이 말씀이 하나님과 함께 계셨으니 이 말씀은 곧 하나님이시니라"(개역개정판)

"처음에 그 말씀은 계셨다. 그리고 그 말씀은 그 하나님께로 계셨다. 그리고 그 말씀은 하나님으로 계셨다"(원문직역)

요한복음 1장은 예수님께서 성육신하시기 이전과 성육신 이후의 행적이 기록되어 있습니다.

예수님은?

첫째, 영원한 말씀입니다.

"태초에 말씀이 계시니라"(요 1:1상)

둘째, 영원 전에 하나님과 함께 계신 분입니다.

"이 말씀이 하나님과 함께 계셨으니"(요 1:1중)

셋째, 성자 하나님이신 분입니다.

"이 말씀은 곧 하나님이시니라"(요 1:1하)

넷째, 성부 하나님과 성령 하나님과 창조 사역에 참여하시고 담당하시고 존재를 부여하신 분입니다.(요 1:2~3)

"만물이 그로 말미암아 지은 바 되었으니 지은 것이 하나도 그가 없이는 된 것이 없느니라"(요 1:3)

다섯째, 생명의 빛인 특별 은총의 빛과 일반 은총의 빛을 주시는 분입니다.(요 1:4~9)

"그 안에 생명이 있었으니 이 생명은 사람들의 빛이라 빛이 어둠에 비치되 어둠이 깨닫지 못하더라"(요 1:4~5)

"참 빛 곧 세상에 와서 각 사람에게 비추는 빛이 있었나니"(요 1:9)

여섯째, 예수님 이름을 믿고 영접하는 사람들에게 하나님 자녀가 되는 권세를 주시는 분입니다.(요 1:10~12)

"영접하는 자 곧 그 이름을 믿는 자들에게는 하나님의 자녀가 되는 권세를 주셨으니"(요 1:12)

일곱째, 말씀이 육신 되어 우리 가운데 계시는 분입니다.

"말씀이 육신이 되어 우리 가운데 거하시매 우리가 그의 영광을 보니"(요 1:14상)

여덟째, "톤 모노게네스"(그 유일하고 독특한 아들) 입니다.

"아버지의 독생자의 영광이요"(요 1:14중)

예수님은 보이지 않는 하나님의 형상이시고 하나님의 영광의 광채이시고 본체의 형상입니다.

본질의 속성은 성부 하나님과 동일한 본질과 동등한 영광과 동시 선재하신 유일하고 독특한 그 아들입니다.

아홉째, 은혜와 진리가 충만하신 분입니다.

"은혜와 진리가 충만하더라"(요 1:14하)

열번째, 세상 죄를 지고 가시는 하나님의 어린 양입니다.

"이튿날 요한이 예수께서 자기에게 나아오심을 보고 이르되 보라 세상 죄를 지고 가는 하나님의 어린 양이로다"(요 1:29)

열 한 번째, 성령세례를 주시는 하나님의 아들이신 분입니다.(요 1:32~34)

"나도 그를 알지 못하였으나 나를 보내어 물로 세례를 베풀라 하신 그이가 나에게 말씀하시되 성령이 내려서 누구 위에든지 머무는 것을 보거든 그가 곧 성령으로 세례를 베푸는 이인 줄 알라 하셨기에 내가 보고 그가 하나님의 아들이심을 증언하였노라 하니라"(요 1:33~34)

열 두 번째, 하나님으로부터 기름부음 받으신 메시야이신 분입니다.

"그가 먼저 자기의 형제 시몬을 찾아 말하되 우리가 메시야를 만났다 하고 (메시야는 번역하면 그리스도라)"(요 1:41)

열 세 번째, 제자들을 부르시는 분입니다.(요 1:42~44)

"이튿날 예수께서 갈릴리로 나가려 하시다가 빌립을 만나 이르시되 나를 따르라 하시니"(요 1:43)

열 네 번째, 기도하는 것을 보시고 들으시는 전지하신 분입니다.(요 1:45~49)

"나다나엘이 이르되 어떻게 나를아시나이까 예수께서 대답하여 이르시되 빌립이 너를 부르기 전에 네가 무화과나무 아래에 있을 때에 보았노라 나다나엘이 대답하되 랍비여 당신은 하나님의 아들이시요 당신은 이스라엘의 임금이로소이다"(요 1:48~49)

열 다섯 째, 하나님과 사람사이에 유일한 중보자이신 분입니다.

"또 이르시되 진실로 진실로 너희에게 이르노니 하늘이 열리고 하나님의 사자들이 인자 위에 오르락 내리락 하는 것을 보리라 하시니라"(요 1:51)
"꿈에 본즉 사닥다리가 땅 위에 서 있는데 그 꼭대기가 하늘에 닿았고 또 본즉 하나님의 사자들이 그 위에서 오르락 내리락 하고"(창 28:12)

신인 이성 일 인격을 지니신 유일한 중보자이신 예수님은 가장 위대하시고 가장 장엄하시고 가장 부요하시고 가장 아름다우신 분입니다.

그러므로 성삼위 하나님의 은혜로 예수님을 사랑하며 하나님을 영화롭게 하는 우리 모두가 되기를 기도합니다.

요한복음 2장 11절

"예수께서 이 첫 표적을 갈릴리 가나에서 행하여 그의 영광을 나타내시매 제자들이 그를 믿으니라"(개역개정판)

"이렇게 그 예수님은 그 갈릴리의 가나 안에서 그 표적들의 이 처음을 행하셨다. 그리고 그는 그의 그 영광을 드러내셨다. 그리고 그의 그 제자들은 그분 안으로 믿었다"(원문직역)

요한복음 2장은 예수님께서 갈릴리 가나의 혼인 잔치 이적을 베푸시고 가버나움으로 내려가셨다가 예루살렘에서의 성전 정화와 유대인들에게 대답하시는 말씀이 기록되어 있습니다.

요한복음 2장에서 드러내시는 예수님은?

첫째, 전능하신 능력의 영광으로 변화의 은총을 베푸시는 분입니다.(요 2:1~11)

"말하되 사람마다 먼저 좋은 포도주를 내고 취한 후에 낮은 것을 내거늘 그대는 지금까지 좋은 포도주를 두었도다 하니라 예수께서 이 첫 표적을 갈릴리 가나에서 행하여 그의 영광을 나타내시매 제자들이 그를 믿으니라"(요 2:10~11)

예수님께서는 성령님으로 사람들의 마음을 변화시켜 자원하는 마음과 헌신하는 마음으로 하나님을 믿게 하십니다.

둘째, 성전의 주인으로 성전을 정화하시는 분입니다.(요 2:12~17)

"성전 안에서 소와 양과 비둘기 파는 사람들과 돈 바꾸는 사람들이 앉아 있는 것을 보시고 노끈으로 채찍을 만드사 양이나 소를 다 성전에서 내쫓으시고 돈 바꾸는 사람들의 돈을 쏟으시며 상을 엎으시고 비둘기 파는 사람들에게 이르시되 이것을 여기서 가져가라 내 아버지의 집으로 장사하는 집을 만들지 말라 하시니"(요 2:14~16)

셋째, 십자가와 부활로 신약 교회를 세우시는 분입니다.(요 2:18~22)

"그러나 예수는 성전된 자기 육체를 가리켜 말씀하신 것이라 죽은 자 가운데서 살아나신 후에야 제자들이 이 말씀하신 것을 기억하고 성경과 예수께서 하신 말씀을 믿었더라"(요 2:21~22)

넷째, 전지하신 분입니다.(요 2:23~25)

"예수는 그의 몸을 그들에게 의탁하지 아니하셨으니 이는 친히 모든 사람을 아심이요 또 사람에 대하여 누구의 증언도 받으실 필요가 없었으니 이는 그가 친히 사람의 속에 있는 것을 아셨음이니라"(요 2:24~25)

예수님은 스스로 존재하시는 참 하나님이시고 참 사람이신 분입니다.

그러므로 성삼위 하나님의 은혜로 예수님을 받들어 섬기며 하나님을 영화롭게 하는 우리 모두가 되기를 기도합니다.

요한복음 3장 34절

"하나님이 보내신 이는 하나님의 말씀을 하나니 이는 하나님이 성령을 한량 없이 주심이니라"(개역개정판)

"왜냐하면 그 하나님께서 보내신 그분은 그 하나님의 그 말씀들을 말한다. 왜냐하면 그 분께서 그 영을 한량 없이 주셨기 때문이다"(원문직역)

요한복음 3장은 예수님께서 니고데모와의 대화와 세례의 사역과 세례 요한의 증거가 기록되어 있습니다.

요한복음 3장에서 가르치는 예수님은?

첫째, 하나님 나라를 유업으로 주시는 분입니다.(요 1:1~3)

"예수께서 대답하여 이르시되 진실로 진실로 네게 이르노니 사람이 거듭나지 아니하면 하나님의 나라를 볼 수 없느니라" (요 1:3)

둘째, 성령님과 말씀으로 중생케 하시는 분입니다.(요 3:4~8)

"예수께서 대답하시되 진실로 진실로 네게 이르노니 사람이 물과 성령으로 나지 아니하면 하나님의 나라에 들어갈 수 없느니라"(요 3:5)

셋째, 신인 이성 일 인격을 소유하신 중보자이신 분입니다.(요 3:9~13)

"하늘에서 내려온 자 곧 인자 외에는 하늘에 올라간 자가 없느니라"(요 3:13)

넷째, 놋뱀의 실체로 십자가 대속 사역을 담당하시는 분입니다.

"모세가 광야에서 뱀을 든 것 같이 인자도 들려야 하리니"(요 3:14)

다섯째, 영생을 주시는 분입니다.(요 3:15~18, 36)

"하나님이 세상을 이처럼 사랑하사 독생자를 주셨으니 이는 그를 믿는 자마다 멸망하지 않고 영생을 얻게 하려 하심이라"(요 3:16)

"아들을 믿는 자에게는 영생이 있고 아들에게 순종하지 아니하는 자는 영생을 보지 못하고 도리어 하나님의 진노가 그 위에 머물러 있느니라"(요 3:36)

여섯째, 영원한 빛이신 분입니다.(요 3:19~21)

"진리를 따르는 자는 빛으로 오나니 이는 그 행위가 하나님 안에서 행한 것임을 나타내려 함이라 하시니라"(요 3:21)

일곱째, 초월하신 절대 주권을 가지고 계신 분입니다.

"위로부터 오시는 이는 만물 위에 계시고 땅에서 난 이는 땅에 속하여 땅에 속한 것을 말하느니라 하늘로부터 오시는 이는 만물 위에 계시나니"(요 3:31)

"아버지께서 아들을 사랑하사 만물을 다 그의 손에 주셨으니"(요 3:35)

여덟째, 성령님을 충만하게 받으신 분입니다.

"하나님이 보내신 이는 하나님의 말씀을 하나니 이는 하나님이 성령을 한량 없이 주심이니라"(요 3:34)

예수님은 하나님으로부터 보내심을 받아 성령님을 통하여 하나님의 뜻을 이루신 분입니다.

그러므로 성삼위 하나님의 은혜로 하나님의 뜻을 이루어가며 하나님을 영화롭게 하는 우리 모두가 되기를 기도합니다.

요한복음 4장 14절

"내가 주는 물을 마시는 자는 영원히 목마르지 아니하리니 내가 주는 물은 그 속에서 영생하도록 솟아나는 샘물이 되리라"(개역개정판)

"그러나 누구든지 내가 그에게 주는 그 물에서 마신다면 그는 영원히 목마르지 않을 것이고 다만 내가 그에게 주는 그 물은 그의 안에서 영원한 생명 안으로 솟아오르고 있는 샘물이 될 것이다"(원문직역)

요한복음 4장은 예수님께서 사마리아와 갈릴리에서의 사역이 기록되고 있습니다.

사마리아와 갈릴리에서 사역하신 예수님은?

첫째, 인성을 지니신 분입니다.(요 4:1~6)

"거기 또 야곱의 우물이 있더라 예수께서 길 가시다가 피곤하여 우물 곁에 그대로 앉으시니 때가 여섯 시쯤 되었더라" (요 4:6)

둘째, 성령님을 주시는 분입니다.(요 4:7~14)

"예수께서 대답하여 이르시되 이 물을 마시는 자마다 다시 목마르려니와 내가 주는 물을 마시는 자는 영원히 목마르지 아니하리니 내가 주는 물은 그 속에서 영생하도록 솟아나는 샘물이 되리라"(요 4:13 1~4)

셋째, 전지하신 분입니다.(요 4:15~19)

"너에게 남편 다섯이 있었고 지금 있는 자도 네 남편이 아니니 네 말이 참되도

다"(요 4:18)

넷째, 성령님과 진리안에서 예배드리게 하시는 분입니다.(요 4:20~24)

"하나님은 영이시니 예배하는 자가 영과 진리로 예배할지니라"(요 4:24)

다섯째, 죄와 죽음의 문제를 해결하시기 위해 기름부음 받으신 분입니다.(요 4:25~30)

"여자가 이르되 메시야 곧 그리스도라 하는 이가 오실 줄을 내가 아노니 그가 오시면 모든 것을 우리에게 알려 주시리이다 예수께서 이르시되 네게 말하는 내가 그라 하시니라"(요 4:25~26)

여섯째, 하나님의 뜻을 이루기 위해 오신 분입니다.(요 4:31~34)

"예수께서 이르시되 나의 양식은 나를 보내신 이의 뜻을 행하며 그의 일을 온전히 이루는 이것이니라"(요 4:34)

일곱째, 영생을 주시는 분입니다.(요 4:31~34)

"거두는 자가 이미 삯도 받고 영생에 이르는 열매를 모으나니 이는 뿌리는 자와 거두는 자가 함께 즐거워하게 하려 함이라"(요 4:36)

여덟째, 세상의 구세주 이신 분입니다.(요 4:39~42)

"그 여자에게 말하되 이제 우리가 믿는 것은 네 말로 인함이 아니니 이는 우리가 친히 듣고 그가 참으로 세상의 구주신 줄 앎이라 하였더라"(요 4:42)

아홉째, 말씀으로 치료하시는 분입니다.(요 4:43~54)

"그의 아버지가 예수께서 네 아들이 살아 있다 말씀하신 그 때인 줄 알고 자기와 그 온 집안이 다 믿으니라"(요 4:53)

예수님께서는 신인 이성 일 인격을 지니신 세상의 구세주입니다.

그러므로 성삼위 하나님의 은혜로 구세주이신 예수님을 사랑하며 하나님을 영화롭게 하는 우리 모두가 되기를 기도합니다.

요한복음 5장 19절

"그러므로 예수께서 그들에게 이르시되 내가 진실로 진실로 너희에게 이르노니 아들이 아버지께서 하시는 일을 보지 않고는 아무 것도 스스로 할 수 없나니 아버지께서 행하시는 그것을 아들도 그와 같이 행하느니라"(개역개정판)

"그러므로 그 예수님은 대답하셨다. 그리고 그분은 그들에게 말씀하셨다. 나는 진실로 진실로 너희에게 말한다. 그 아버지가 행하시는 어떤 것을 그가 바라보지 않는다면 그 아들은 스스로에게서 하나도 해내도록 능력있지 않다. 왜냐하면 무엇이든지 그분이 행하시는 이것들을 그리고 그 아들은 마찬가지로 행한다"(원문직역)

요한복음 5장은 예수님께서 유대인 명절에 예루살렘에 올라가셔서 행하시는 사역과 말씀이 기록되어 있습니다.

예루살렘에서 사역하시는 예수님은?

첫째, 안식일의 주인으로 참된 안식을 주시는 분입니다.(요 5:1~16)

"예수께서 이르시되 일어나 네 자리를 들고 걸어가라 하시니 그 사람이 곧 나아서 자리를 들고 걸어가니라 이 날은 안식일이니"(요 5:8~9)

둘째, 창조와 재창조의 사역에 참여하시고 담당하시는 분입니다.

"예수께서 그들에게 이르시되 내 아버지께서 이제까지 일하시니 나도 일한다 하시매"(요 5:17)

셋째, 성부 하나님과 동일한 본질과 동등한 영광을 가지고 계시며 동시 선재하신 분입니다.(요 5:18~21)

"유대인들이 이로 말미암아 더욱 예수를 죽이고자 하니 이는 안식일을 범할 뿐만 아니라 하나님을 자기의 친 아버지라 하여 자기를 하나님과 동등으로 삼으심이러라 그러므로 예수께서 그들에게 이르시되 내가 진실로 진실로 너희에게 이르노니 아들이 아버지께서 하시는 일을 보지 않고는 아무 것도 스스로 할 수 없나니 아버지께서 행하시는 그것을 아들도 그와 같이 행하느니라"(요 5:18~19)

넷째, 영원한 재판장이신 분입니다.(요 5:22~23, 27~30)

"아버지께서 아무도 심판하지 아니하시고 심판을 다 아들에게 맡기셨으니"(요 5:22)

"또 인자됨으로 말미암아 심판하는 권한을 주셨느니라 이를 놀랍게 여기지 말라 무덤 속에 있는 자가 다 그의 음성을 들을 때가 오나니 선한 일을 행한 자는 생명의 부활로, 악한 일을 행한 자는 심판의 부활로 나오리라"(요 5:27~29)

다섯째, 영생을 주시는 분입니다.

"내가 진실로 진실로 너희에게 이르노니 내 말을 듣고 또 나 보내신 이를 믿는 자는 영생을 얻었고 심판에 이르지 아니하나니 사망에서 생명으로 옮겼느니라 진실로 진실로 너희에게 이르노니 죽은 자들이 하나님의 아들의 음성을 들을 때가 오나니 곧 이 때라 듣는 자는 살아나리라"(요 5:24~25)

여섯째, 삼위일체 하나님께서 증거하시는 분입니다.(요 5:31~38)

"나를 위하여 증언하시는 이가 따로 있으니 나를 위하여 증언하시는 그 증언이 참인 줄 아노라" (요 5:32)

일곱째, 구약 계시가 증거하시는 분입니다.(요 5:39~44)

"너희가 성경에서 영생을 얻는 줄 생각하고 성경을 연구하거니와 이 성경이 곧 내게 대하여 증언하는 것이니라"(요 5:39)

여덟째, 모세가 증거하신 분입니다.(요 5:45~47)

"모세를 믿었더라면 또 나를 믿었으리니 이는 그가 내게 대하여 기록하였음이라"(요 5:46)

예수님은 안식일의 주인이시며 성부 하나님과 성령 하나님과 창조와 재창조의 사역에 참여하시고 담당하시며 영생을 부여하시는 영원한 재판장이신 분입니다.

그러므로 성삼위 하나님의 은혜로 예수님을 사랑하며 하나님을 영화롭게 하는 우리 모두가 되기를 기도합니다.

요한복음 6장 54절

"내 살을 먹고 내 피를 마시는 자는 영생을 가졌고 마지막 날에 내가 그를 다시 살리리니"(개역개정판)

"내 그 살을 그 먹는 이는 그리고 내 그 피를 마시는 이는 영원한 생명을 가지고 있다. 그리고 내가 그를 그 마지막날에 일으킬 것이다"(원문직역)

요한복음 6장은 예수님의 공생애 중 세번째로 맞이하는 유월절 기간의 사역과 말씀입니다.

유월절 기간중에 사역하시고 말씀하시는 예수님은?

첫째, 인생들을 구원 하시기에 넉넉하신 분입니다.(요 6:1~15)

"예수께서 떡을 가져 축사하신 후에 앉아 있는 자들에게 나눠 주시고 물고기도 그렇게 그들의 원대로 주시니라 그들이 배부른 후에 예수께서 제자들에게 이르시되 남은 조각을 거두고 버리는 것이 없게 하라 하시므로 이에 거두니 보리떡 다섯 개로 먹고 남은 조각이 열두 바구니에 찼더라"(요 6:11~13)

둘째, 성자 하나님이신 분입니다.(요 6:16~21)

"제자들이 노를 저어 십여 리쯤 가다가 예수께서 바다 위로 걸어 배에 가까이 오심을 보고 두려워하거늘 이르시되 내니 두려워하지 말라 하신대"(눅 6:19~20)

셋째, 구속의 주이신 분입니다.(요 6:22~29)

"썩을 양식을 위하여 일하지 말고 영생하도록 있는 양식을 위하여 하라 이 양식은

인자가 너희에게 주리니 인자는 아버지 하나님께서 인치신 자니라"(요 6:27)

넷째, 영생의 말씀이신 분입니다.(요 6:31~71)

"예수께서 이르시되 나는 생명의 떡이니 내게 오는 자는 결코 주리지 아니할 터이요 나를 믿는 자는 영원히 목마르지 아니하리라"(요 6:35)

"내 아버지의 뜻은 아들을 보고 믿는 자마다 영생을 얻는 이것이니 마지막 날에 내가 이를 다시 살리리라 하시니라" (요 6:40)

"나는 하늘에서 내려온 살아 있는 떡이니 사람이 이 떡을 먹으면 영생하리라 내가 줄 떡은 곧 세상의 생명을 위한 내 살이니라 하시니라"(요 6:51)

"살리는 것은 영이니 육은 무익하니라 내가 너희에게 이른 말은 영이요 생명이라"(요 6:63)

"데오스 헨 호 로고스"(그 말씀은 하나님으로 계셨다)

예수님께서는 성자 하나님이시고 영원한 구속의 주이시고 영원한 말씀입니다.

그러므로 성삼위 하나님의 은혜로 예수님을 사랑하며 하나님을 영화롭게 하는 우리 모두가 되기를 기도합니다.

요한복음 7장 40절

"이 말씀을 들은 무리 중에서 어떤 사람은 이 사람이 참으로 그 선지자라 하며"(개역개정판)

"그러므로 그 무리 중에서 어떤 이들은 그 말씀을 듣고 나서 말하고 있었다. 이 분은 진실로 그 선지자이다"(원문직역)

요한복음 7장은 예수님께서 초막절기에 행하시는 사역과 말씀이 기록되어 있습니다.

초막절의 주인이신 예수님은?

첫째, 하나님께서 정하신 때에 움직이시는 분입니다.(요 7:1~9)

"너희는 명절에 올라가라 내 때가 아직 차지 못하였으니 나는 이 명절에 아직 올라가지 아니하노라"(요 7:8)

둘째, 하나님 말씀을 하시는 분입니다.(요 7:10~17)

"예수께서 대답하여 이르시되 내 교훈은 내 것이 아니요 나를 보내신 이의 것이니라 사람이 하나님의 뜻을 행하려 하면 이 교훈이 하나님께로부터 왔는지 내가 스스로 말함인지 알리라"(요 7:16~17)

셋째, 하나님의 영광을 구하는 분입니다.

"스스로 말하는 자는 자기 영광만 구하되 보내신 이의 영광을 구하는 자는 참되니 그 속에 불의가 없느니라"(요 7:18)

넷째, 안식일의 주인이신 분입니다.(요 7:19~24)

"모세가 너희에게 할례를 행했으니 (그러나 할례는 모세에게서 난 것이 아니요 조상들에게서 난 것이라) 그러므로 너희가 안식일에도 사람에게 할례를 행하느니라"(요 7:22)

다섯째, 하나님께 낳으심을 받고 보내심을 받은 분입니다.(요 7:25~30)

"예수께서 성전에서 가르치시며 외쳐 이르시되 너희가 나를 알고 내가 어디서 온 것도 알거니와 내가 스스로 온 것이 아니니라 나를 보내신 이는 참되시니 너희는 그를 알지 못하나 나는 아노니 이는 내가 그에게서 났고 그가 나를 보내셨음이라 하시니"(요 7:28~29)

여섯째, 하나님 보좌 우편에 앉아계신 분입니다.(요 7:31~36)

"예수께서 이르시되 내가 너희와 함께 조금 더 있다가 나를 보내신이에게로 돌아가겠노라 너희가 나를 찾아도 만나지 못할 터이요 나 있는 곳에 오지도 못하리라 하시니"(요 7:33~34)

일곱째, 영원한 말씀이시고 성령님을 주시는 분입니다.(요 7:37~38)

"명절 끝날 곧 큰 날에 예수께서 서서 외쳐 이르시되 누구든지 목마르거든 내게로 와서 마시라 나를 믿는 자는 성경에 이름과 같이 그 배에서 생수의 강이 흘러나오리라 하시니"(요 7:37~38)

하나님께 기름부음 받으신 예수님만이 진정한 메시야이고 구세주입니다.

"어떤 사람은 그리스도라 하며 어떤 이들은 그리스도가 어찌 갈릴리에서 나오겠느냐 성경에 이르기를 그리스도는 다윗의 씨로 또 다윗이 살던 마을 베들레헴에서 나오리라 하지 아니하였느냐 하며"(요 7:41~42)

그러므로 성삼위 하나님의 은혜로 예수님을 사랑하며 하나님을 영화롭게 하는 우리 모두가 되기를 기도합니다.

요한복음 8장 31절

"그러므로 예수께서 자기를 믿은 유대인들에게 이르시되 너희가 내 말에 거하면 참으로 내 제자가 되고"(개역개정판)

"그러므로 그 예수님은 그에게 그 믿어와 있는 유대인들에게 말씀하고 계셨다. 만일 너희가 그 나의 그 말 안에 거한다면 참으로 너희는 내 제자들이다"(원문직역)

요한복음 8장은 예수님께서 감람산에서 기도하시고 새벽에 성전에 들어오셔서 가르치시는 말씀이 기록되어 있습니다.

성전에서 가르치시는 예수님은?

첫째, 사죄의 은총을 베푸시는 분입니다.(요 8:1~11)

"대답하되 주여 없나이다 예수께서 이르시되 나도 너를 정죄하지 아니하노니 가서 다시는 죄를 범하지 말라 하시니라)"(요 8:11)

둘째, 세상의 빛이신 분입니다.

"예수께서 또 말씀하여 이르시되 나는 세상의 빛이니 나를 따르는 자는 어둠에 다니지 아니하고 생명의 빛을 얻으리라"(요 8:12)

셋째, 삼위일체 하나님과 자신 스스로 증거하시는 분입니다.(요 8:13~20)

"너희 율법에도 두 사람의 증언이 참되다 기록되었으니 내가 나를 위하여 증언하는 자가 되고 나를 보내신 아버지도 나를 위하여 증언하시느니라"(요 8:17~18)

넷째, 하나님 보좌 우편에 앉아계신 분입니다.(요 8:21~22)

> "다시 이르시되 내가 가리니 너희가 나를 찾다가 너희 죄 가운데서 죽겠고 내가 가는 곳에는 너희가 오지 못하리라"(요 8:21)

다섯째, 하나님으로부터 낳으심을 받으시고 보내심을 받으신 분입니다.(요 8:23~30)

> "예수께서 이르시되 너희는 아래에서 났고 나는 위에서 났으며 너희는 이 세상에 속하였고 나는 이 세상에 속하지 아니하였느니라"(요 8:23)
> "나를 보내신 이가 나와 함께 하시도다 나는 항상 그가 기뻐하시는 일을 행하므로 나를 혼자 두지 아니하셨느니라"(요 8:29)

여섯째, 말씀으로 제자가 되게 하시고 진리로 자유케 하시는 분입니다.(요 8:31~47)

> "그러므로 예수께서 자기를 믿은 유대인들에게 이르시되 너희가 내 말에 거하면 참으로 내 제자가 되고 진리를 알지니 진리가 너희를 자유롭게 하리라"(요 8:31~32)

일곱째, 영생의 말씀이신 분입니다.(요 8:48~53)

> "진실로 진실로 너희에게 이르노니 사람이 내 말을 지키면 영원히 죽음을 보지 아니하리라"(요 8:51)

여덟째, 아브라함이 즐거워하고 기뻐하신 분입니다.(요 8:54~57)

> "너희 조상 아브라함은 나의 때 볼 것을 즐거워하다가 보고 기뻐하였느니라"(요 8:56)

아홉째, 역사 위에 항상 존재하는 항존의 메시야이신 분입니다.

"예수께서 이르시되 진실로 진실로 너희에게 이르노니 아브라함이 나기 전부터 내가 있느니라 하시니"(요 8:58)

예수님은 바른 진리 때문에 고난 받으셨습니다.

"그들이 돌을 들어 치려 하거늘 예수께서 숨어 성전에서 나가시니라"(요 8:59)

그러므로 성삼위 하나님의 은혜로 복음으로 고난받는 예수님의 뒤를 따라가며 하나님을 영화롭게 하는 우리 모두가 되기를 기도합니다.

요한복음 9장 5절

"내가 세상에 있는 동안에는 세상의 빛이로라"(개역개정판)

"어쨌든 내가 그 세상에 있는 적에 나는 그 세상의 빛이다"(원문직역)

요한복음 9장은 예수님께서 날 때부터 소경 된 사람을 고치시는 내용이 기록되어 있습니다.

소경을 고치시는 예수님은?

첫째, 세상의 빛입니다.(요 9:1~7)

"내가 세상에 있는 동안에는 세상의 빛이로라"(요 9:5)

예수님께서는 일반 은총의 빛과 특별 은총의 빛을 주시는 세상의 빛입니다.

둘째, 안식일의 주인입니다.(요 9:8~16)

"예수께서 진흙을 이겨 눈을 뜨게 하신 날은 안식일이라"(요 9:14)

셋째, 성부 하나님과 동시 선재하시고 보내심을 받으신 분입니다.(요 9:17~34)

"창세 이후로 맹인으로 난 자의 눈을 뜨게 하였다 함을 듣지 못하였으니 이 사람이 하나님께로부터 오지 아니하였으면 아무 일도 할 수 없으리이다"(요 9:32~33)

넷째, 신인 이성 일 인격을 지닌 메시야이신 분입니다.(요 9:35~38)

"예수께서 그들이 그 사람을 쫓아냈다 하는 말을 들으셨더니 그를 만나사 이르시되 네가 인자를 믿느냐" (요 9:35)

다섯째, 죄와 사망과 세상과 사단을 심판하기 위해 오신 분입니다.(요 9:39~41)

"예수께서 이르시되 내가 심판하러 이 세상에 왔으니 보지 못하는 자들은 보게 하고 보는 자들은 맹인이 되게 하려 함이라 하시니"(요 9:39)

신인 이성 일 인격을 지니신 예수님은 하늘과 땅의 모든 권세를 가진 만왕의 왕과 만 주의 주이시며 하나님 나라의 왕이시고 중심이십니다.

그러므로 성삼위 하나님의 은혜로 예수님을 인생의 목적으로 삼고 하나님을 영화롭게 하는 우리 모두가 되기를 기도합니다.

요한복음 10장 38절

"내가 행하거든 나를 믿지 아니할지라도 그 일은 믿으라 그러면 너희가 아버지께서 내 안에 계시고 내가 아버지 안에 있음을 깨달아 알리라 하시니"(개역개정판)

"그러나 만일 내가 행한다면 그리고 만일 너희가 나를 믿지 않더라도 너희는 그 일들은 믿으라. 그 아버지는 내 안에 그리고 내가 그 아버지 안에 있는 것을 너희가 알고 그리고 너희가 믿도록"(원문직역)

요한복음 10장은 안식일의 주인이신 예수님께서 눈먼 소경의 눈을 뜨게 하신 이후의 말씀과 유대인의 빛의 절기인 수전절 때의 말씀과 베레아 지방인 베다니 에서의 사역이 기록되어 있습니다.

요한복음 10장에서 가르치는 예수님?

첫째, 교회 안으로 들어가는 문이신 분입니다.(요 10:1~10)

"그러므로 예수께서 다시 이르시되 내가 진실로 진실로 너희에게 말하노니 나는 양의 문이라 나보다 먼저 온 자는 다 절도요 강도니 양들이 듣지 아니하였느니라 내가 문이니 누구든지 나로 말미암아 들어가면 구원을 받고 또는 들어가며 나오며 꼴을 얻으리라"(요 10:7~9)

그리스도인은 죄문제를 근원적으로 해결해 주시는 예수님의 십자가 대속 사역을 믿고 의지하고 교회에 들어온 사람입니다.

둘째, 십자가 대속사역을 담당하시는 선한 목자이신 분입니다.(요 10:11~21)

> "나는 선한 목자라 선한 목자는 양들을 위하여 목숨을 버리거니와 삯꾼은 목자가 아니요 양도 제 양이 아니라 이리가 오는 것을 보면 양을 버리고 달아나나니 이리가 양을 물어 가고 또 헤치느니라"(요 10:11~12)

셋째, 영생을 주시는 분입니다.(요 10:22~29)

> "내가 그들에게 영생을 주노니 영원히 멸망하지 아니할 것이요 또 그들을 내 손에서 빼앗을 자가 없느니라"(요 10:28)

넷째, 성부 하나님과 동일한 본질과 동등한 영광을 가지고 계시며 동시 선재하신 분입니다.(요 10:30~33)

> "나와 아버지는 하나이니라 하신대"(요 10:30)

다섯째, 하나님의 아들이신 분입니다.(요 10:34~42)

> "하물며 아버지께서 거룩하게 하사 세상에 보내신 자가 나는 하나님의 아들이라 하는 것으로 너희가 어찌 신성모독이라 하느냐" (요 10:36)

성자 하나님이신 예수님께서는 시간이 시작되기 전인 영원 전에 "호모우시오스"라는 본질의 일치가운데 성부 하나님과 성령 하나님가 사랑의 교제와 의지의 교제와 사역의 교제를 나누시며 온전히 하나로 존재하셨습니다.

> "내가 행하거든 나를 믿지 아니할지라도 그 일은 믿으라 그러면 너희가 아버지께서 내 안에 계시고 내가 아버지 안에 있음을 깨달아 알리라 하시니"(요 10:38)

요한복음 11장 25절

"예수께서 이르시되 나는 부활이요 생명이니 나를 믿는 자는 죽어도 살겠고"(개역개정판)

"그 예수님은 그녀에게 말씀하셨다. 나는 그 부활이고 그 생명이다. 내 안으로 그 믿고있는 이는 또 비록 그가 죽을지라도 그는 살겠고"(원문직역)

요한복음 11장은 예수님께서 나사로를 살리시고 산헤드린 공의회가 예수님을 죽이기 위해 모의하는 내용이 기록되어 있습니다.

나사로를 살리신 예수님은?

첫째, 부활과 생명이신 분입니다.

"예수께서 이르시되 나는 부활이요 생명이니 나를 믿는 자는 죽어도 살겠고 무릇 살아서 나를 믿는 자는 영원히 죽지 아니하리니 이것을 네가 믿느냐"(요 11:25~26)

둘째, 하나님께 기름부음 받으신 분입니다.

"이르되 주여 그러하외다 주는 그리스도시요"(요 11:27상)

셋째, 세상 안으로 오신 하나님의 아들이신 분입니다.

"세상에 오시는 하나님의 아들이신 줄 내가 믿나이다"(요 11:27하)

넷째, "에네브리메사토"(의심과 불신과 불순종에 대한 의로운 분노) 하시는 분입

니다.(요 11:28~33중, 38)

"예수께서 그가 우는 것과 또 함께 온 유대인들이 우는 것을 보시고 심령에 비통히 여기시고"(요 11:33중)

"이에 예수께서 다시 속으로 비통히 여기시며 무덤에 가시니 무덤이 굴이라 돌로 막았거늘"(요 11:38)

다섯째, 고통을 체휼하시고 눈물을 흘리시는 분입니다.

"불쌍히 여기사 이르시되 그를 어디 두었느냐 이르되 주여 와서 보옵소서 하니 예수께서 눈물을 흘리시더라"(요 11:33하~35)

여섯째, 생명의 주인이신 분입니다.(요 11:36~44)

"이 말씀을 하시고 큰 소리로 나사로야 나오라 부르시니"(요 11:43)

일곱째, 십자가 대속 사역을 담당하시는 분입니다.(요 11:45~57)

"한 사람이 백성을 위하여 죽어서 온 민족이 망하지 않게 되는 것이 너희에게 유익한 줄을 생각하지 아니하는도다 하였으니 이 말은 스스로 함이 아니요 그 해의 대제사장이므로 예수께서 그 민족을 위하시고 또 그 민족만 위할 뿐 아니라 흩어진 하나님의 자녀를 모아 하나가 되게 하기 위하여 죽으실 것을 미리 말함이러라"(요 11:50~52)

부활이요 생명이신 예수님은 우리들을 십자가 대속 사역으로 구원 하시고 하나의 거룩한 공교회에 속한 바른 지교회의 지체가 되게 하시고 하나님 나라의 시민이 되게 하셔서 복음적 삶을 살게 하시는 분입니다.

그러므로 성삼위 하나님의 은혜로 복음적 삶을 살아가며 하나님을 영화롭게 하는 우리 모두가 되기를 기도합니다.

요한복음 12장 47절

"사람이 내 말을 듣고 지키지 아니할지라도 내가 그를 심판하지 아니하노라 내가 온 것은 세상을 심판하려 함이 아니요 세상을 구원하려 함이로라"(개역개정판)

"그리고 어떤 사람이 내 그 말들을 듣고 그가 지키지 않는다면 나는 그를 심판하지 않을 것이다. 왜냐하면 나는 이 세상을 심판하려고 오지 않았고 오히려 나는 이 세상을 구원하려고(왔기 때문이다)"(원문직역)

요한복음 12장은 예수님의 공생애 중 마지막 한주간에 있어지는 사역과 말씀이 기록되어 있습니다.

요한복음 12장에서 가르치는 예수님은?

첫째, 십자가 대속 사역을 위해 대관식을 치루신 분입니다.(요 12:1~8)

"마리아는 지극히 비싼 향유 곧 순전한 나드 한 근을 가져다가 예수의 발에 붓고 자기 머리털로 그의 발을 닦으니 향유 냄새가 집에 가득하더라"(요 12:3)
"예수께서 이르시되 그를 가만 두어 나의 장례할 날을 위하여 그것을 간직하게 하라"(요 12:7)

둘째, 생명의 주이신 분입니다.(요 12:9~11)

"유대인의 큰 무리가 예수께서 여기 계신 줄을 알고 오니 이는 예수만 보기 위함이 아니요 죽은 자 가운데서 살리신 나사로도 보려 함이러라"(요 12:9)

셋째, 이스라엘의 왕이신 분입니다.(요 12:12~13)

"종려나무 가지를 가지고 맞으러 나가 외치되 호산나 찬송하리로다 주의 이름으로 오시는 이 곧 이스라엘의 왕이시여 하더라" (요 12:13)

넷째, 평강의 왕이신 분입니다.(요 12:14~19)

"이는 기록된 바 시온 딸아 두려워하지 말라 보라 너의 왕이 나귀 새끼를 타고 오신다 함과 같더라" (요 12:15)

다섯째, 하나님 이름의 영광을 드러내시는 분입니다.(요 12:20~30)

"아버지여, 아버지의 이름을 영광스럽게 하옵소서 하시니 이에 하늘에서 소리가 나서 이르되 내가 이미 영광스럽게 하였고 또다시 영광스럽게 하리라 하시니"(요 12:28)

여섯째, 십자가와 부활로 사단을 쫓아내시고 택함 받은 모든 사람들을 구원하시는 분입니다.(요 12:31~33)

"이제 이 세상에 대한 심판이 이르렀으니 이 세상의 임금이 쫓겨나리라 내가 땅에서 들리면 모든 사람을 내게로 이끌겠노라 하시니"(요 12:31~32)

일곱째, 세상의 빛이신 분입니다.(요 12:33~36)

"예수께서 이르시되 아직 잠시 동안 빛이 너희 중에 있으니 빛이 있을 동안에 다녀 어둠에 붙잡히지 않게 하라 어둠에 다니는 자는 그 가는 곳을 알지 못하느니라 너희에게 아직 빛이 있을 동안에 빛을 믿으라 그리하면 빛의 아들이 되리라 예수께서 이 말씀을 하시고 그들을 떠나가서 숨으시니라"(요 12:35~36)

여덟째, 구약계시의 말씀을 성취하시는 분입니다.(요 12:37~43)

"이렇게 많은 표적을 그들 앞에서 행하셨으나 그를 믿지 아니하니 이는 선지자 이사야의 말씀을 이루려 하심이라 이르되 주여 우리에게서 들은 바를 누가 믿었으며 주의 팔이 누구에게 나타났나이까 하였더라"(요 12:37~38)

아홉째, 구원과 영생을 주시기 위해 세상에 오신 분입니다.(요 12:44~50)

> "사람이 내 말을 듣고 지키지 아니할지라도 내가 그를 심판하지 아니하노라 내가 온 것은 세상을 심판하려 함이 아니요 세상을 구원하려 함이로라"(요 12:47)
> "나는 그의 명령이 영생인 줄 아노라 그러므로 내가 이르는 것은 내 아버지께서 내게 말씀하신 그대로니라 하시니라"(요 12:50)

어두운 세상에 빛으로 오신 영원한 승리자 예수님은 속죄의 주이시고 치료의 주이시고 구원의 주이시고 평강의 주이십니다.

그러므로 성삼위 하나님의 은혜로 주님을 사랑하며 하나님을 영화롭게 하는 우리 모두가 되기를 기도합니다.

요한복음 13장 31절

"그가 나간 후에 예수께서 이르시되 지금 인자가 영광을 받았고 하나님도 인자로 말미암아 영광을 받으셨도다"(개역개정판)

"그러므로 그가 나갔을 적에 그 예수님은 말씀하셨다. 지금 그 사람의 그 아들은 영광을 받았다. 그리고 그 하나님은 그분 안에서 영광을 받으셨다"(원문직역)

요한복음 13장은 예수님께서 유월절 절기의 최후의 만찬 중 제자들의 발을 씻기면서 가르치는 말씀이 기록되어 있습니다.

제자들의 발을 씻기시는 예수님은?

첫째, 견인의 은총을 베푸시는 분입니다.

"유월절 전에 예수께서 자기가 세상을 떠나 아버지께로 돌아가실 때가 이른 줄 아시고 세상에 있는 자기 사람들을 사랑하시되 끝까지 사랑하시니라"(요 13:1)

둘째, 십자가 대속 사역으로 우리들의 모든 죄를 도말해 주시고 십자가 보혈로 우리들의 죄를 계속 씻어주시는 분입니다.(요 13:2~10)

"시몬 베드로가 이르되 주여 내 발뿐 아니라 손과 머리도 씻어 주옵소서 예수께서 이르시되 이미 목욕한 자는 발밖에 씻을 필요가 없느니라 온 몸이 깨끗하니라 너희가 깨끗하나 다는 아니니라 하시니"(요 13:9~10)

셋째, 가룟 유다의 배반과 베드로의 부인을 아시는 전지하신 분입니다.(요

13:11, 36~38)

"이는 자기를 팔 자가 누구인지 아심이라 그러므로 다는 깨끗하지 아니하다 하시니라"(요 13:11)
"예수께서 대답하시되 네가 나를 위하여 네 목숨을 버리겠느냐 내가 진실로 진실로 네게 이르노니 닭 울기 전에 네가 세 번 나를 부인하리라"(요 13:38)

넷째, 겸손과 섬김의 복을 가르치시는 분입니다.(요 13:12~17)

"내가 주와 또는 선생이 되어 너희 발을 씻었으니 너희도 서로 발을 씻어 주는 것이 옳으니라 내가 너희에게 행한 것 같이 너희도 행하게 하려 하여 본을 보였노라"(요 13:14~15)

다섯째, 언약의 말씀을 이루시기 위해 가룟 유다에게 배신 당하신 분입니다.(요 13:18~30)

"내가 너희 모두를 가리켜 말하는 것이 아니니라 나는 내가 택한 자들이 누구인지 앎이라 그러나 내 떡을 먹는 자가 내게 발꿈치를 들었다 한 성경을 응하게 하려는 것이니라"(요 13:18)
"조각을 받은 후 곧 사탄이 그 속에 들어간지라 이에 예수께서 유다에게 이르시되 네가 하는 일을 속히 하라 하시니"(요 13:27)
"내가 신뢰하여 내 떡을 나눠 먹던 나의 가까운 친구도 나를 대적하여 그의 발꿈치를 들었나이다"(시 41:9)

여섯째, 십자가 대속 사역으로 하나님을 영화롭게 하신 분입니다.

"그가 나간 후에 예수께서 이르시되 지금 인자가 영광을 받았고 하나님도 인자로 말미암아 영광을 받으셨도다"(요 13:31)

일곱째, 부활 승천하셔서 하나님 보좌 우편에 앉으신 분입니다.

"만일 하나님이 그로 말미암아 영광을 받으셨으면 하나님도 자기로 말미암아 그에게 영광을 주시리니 곧 주시리라"(요 13:32)

여덟째, 새 계명인 사랑의 법을 주시는 분입니다.(요 13:33~35)

> "새 계명을 너희에게 주노니 서로 사랑하라 내가 너희를 사랑한 것 같이 너희도 서로 사랑하라" (요 13:34)

우리들의 구세주인 예수님의 영원한 법은 사랑입니다.

그러므로 성삼위 하나님의 은혜로 사랑의 삶을 살며 하나님을 영화롭게 하는 우리 모두가 되기를 기도합니다.

요한복음 14장 20절

"그 날에는 내가 아버지 안에, 너희가 내 안에, 내가 너희 안에 있는 것을 너희가 알리라"(개역개정판)

"그 날 안에 너희는 내가 내 아버지 안에 그리고 너희는 내 안에 그리고 나는 너희안에(있다는 것을) 알 것이다"(원문직역)

요한복음 14장은 예수님께서 떠나신다는 말씀을 듣고 슬퍼하는 제자들을 위로 하시는 말씀입니다.

슬퍼하는 제자들을 위로 하시는 예수님은?

첫째, 영원한 처소를 예비하시는 분입니다.(요 14:1~2)

"내 아버지 집에 거할 곳이 많도다 그렇지 않으면 너희에게 일렀으리라 내가 너희를 위하여 거처를 예비하러 가노니"(요 14:2)

둘째, 신성의 편재성으로 성령으로 성령님을 통하여 다시 오시는 분입니다.

"가서 너희를 위하여 거처를 예비하면 내가 다시 와서 너희를 내게로 영접하여 나 있는 곳에 너희도 있게 하리라"(요 14:3)

셋째, 길과 진리와 생명이신 분입니다.(요 14:4~6)

"예수께서 이르시되 내가 곧 길이요 진리요 생명이니 나로 말미암지 않고는 아버지께로 올 자가 없느니라"(요 14:6)

넷째, 성부 하나님과 동일한 본질과 동등한 영광을 가지고 계시고 동시 선제하신 분입니다.(요 14:7~12)

"예수께서 이르시되 빌립아 내가 이렇게 오래 너희와 함께 있으되 네가 나를 알지 못하느냐 나를 본 자는 아버지를 보았거늘 어찌하여 아버지를 보이라 하느냐"(요 14:9)

다섯째, 기도응답을 하시는 분입니다.

"너희가 내 이름으로 무엇을 구하든지 내가 행하리니 이는 아버지로 하여금 아들로 말미암아 영광을 받으시게 하려 함이라 내 이름으로 무엇이든지 내게 구하면 내가 행하리라"(요 14:13~14)

여섯째, 사랑의 법을 주시는 분입니다.

"너희가 나를 사랑하면 나의 계명을 지키리라"(요 14:15)

일곱째, 성령님을 보내시는 분입니다.(요 14:16~26)

"내가 아버지께 구하겠으니 그가 또 다른 보혜사를 너희에게 주사 영원토록 너희와 함께 있게 하리니 그는 진리의 영이라 세상은 능히 그를 받지 못하나니 이는 그를 보지도 못하고 알지도 못함이라 그러나 너희는 그를 아나니 그는 너희와 함께 거하심이요 또 너희 속에 계시겠음이라"(요 14:16~17)

"보혜사 곧 아버지께서 내 이름으로 보내실 성령 그가 너희에게 모든 것을 가르치고 내가 너희에게 말한 모든 것을 생각나게 하리라" (요 14:26)

여덟째, 평강을 주시는 분입니다.(요 14:27~29)

"평안을 너희에게 끼치노니 곧 나의 평안을 너희에게 주노라 내가 너희에게 주는 것은 세상이 주는 것과 같지 아니하니라 너희는 마음에 근심하지도 말고 두려워하지도 말라"(요 14:27)

아홉째, 사단을 다스리는 분입니다.(요 14:30~31)

"이 후에는 내가 너희와 말을 많이 하지 아니하리니 이 세상의 임금이 오겠음이라 그러나 그는 내게 관계할 것이 없으니"(요 14:30)

성령님을 보내시고 평강을 주시는 예수님은 세상 끝날까지 우리들과 동행하시며 은혜를 베푸시는 분입니다.

그러므로 성삼위 하나님의 은혜로 사랑의 법을 따라 살며 하나님을 영화롭게 하는 우리 모두가 되기를 기도합니다.

요한복음 15장 1절

"나는 참포도나무요 내 아버지는 농부라"(개역개정판)

"나는 그 참된 그 포도나무이다. 그리고 나의 그 아버지는 그 농부이시다"(원문직역)

요한복음 15장은 예수님께서 가르치시는 포도나무 비유의 말씀입니다.

예수님께서 요한복음 15장에서 가르치시는 말씀은?

첫째, 교회의 머리는 예수님입니다.

"나는 참포도나무요"(요 15:1상)

둘째, 교회의 주인은 하나님입니다.

"내 아버지는 농부라"(요 15:1하)

셋째, 삼위일체 하나님과 예수님을 증거하고 교회를 다스리는 분은 성령님입니다.

"내가 아버지께로부터 너희에게 보낼 보혜사 곧 아버지께로부터 나오시는 진리의 성령이 오실 때에 그가 나를 증언하실 것이요"(요 15:26)

넷째, 예수님을 증거하고 진리로 교회의 터를 세우는 사람들은 사도들입니다.

"너희도 처음부터 나와 함께 있었으므로 증언하느니라"(요 15:27)

예수님의 십자가 대속 사역 은총으로 구원받은 그리스도인들은?

첫째, 칭의와 성화의 은총가운데 사는 사람들입니다.(요 15:2~3)

"무릇 내게 붙어 있어 열매를 맺지 아니하는 가지는 아버지께서 그것을 제거해 버리시고 무릇 열매를 맺는 가지는 더 열매를 맺게 하려 하여 그것을 깨끗하게 하시느니라"(요 15:2)

둘째, 예수님의 몸 된 교회의 지체의 위치에서 기도 응답과 열매 맺는 사람입니다.(요 15:4~8)

"내 안에 거하라 나도 너희 안에 거하리라 가지가 포도나무에 붙어 있지 아니하면 스스로 열매를 맺을 수 없음 같이 너희도 내 안에 있지 아니하면 그러하리라"(요 15:4)

"너희가 내 안에 거하고 내 말이 너희 안에 거하면 무엇이든지 원하는 대로 구하라 그리하면 이루리라 너희가 열매를 많이 맺으면 내 아버지께서 영광을 받으실 것이요 너희는 내 제자가 되리라"(요 15:7~8)

셋째, 사랑의 법을 따라 사는 사람입니다.(요 15:9~17)

"아버지께서 나를 사랑하신 것 같이 나도 너희를 사랑하였으니 나의 사랑 안에 거하라" (요 15:9)

"이제부터는 너희를 종이라 하지 아니하리니 종은 주인이 하는 것을 알지 못함이라 너희를 친구라 하였노니 내가 내 아버지께 들은 것을 다 너희에게 알게 하였음이라"(요 15:15)

"내가 이것을 너희에게 명함은 너희로 서로 사랑하게 하려 함이라"(요 15:17)

넷째, 세상에서 미움받는 사람입니다.(요 15:18~25)

"아버지께서 나를 사랑하신 것 같이 나도 너희를 사랑하였으니 나의 사랑 안에 거하라 세상이 너희를 미워하면 너희보다 먼저 나를 미워한 줄을알라 너희가 세상에 속하였으면 세상이 자기의 것을 사랑할 것이나 너희는 세상에 속한 자가 아니요 도리어 내가 너희를 세상에서 택하였기 때문에 세상이 너희를 미워하느니라"(요 15:18~19)

그리스도인은 세상에 속하지 않았다는 이유로 미움을 받지만 가장 복 되고 귀한 사람들입니다.

그러므로 성삼위 하나님의 은혜로 복 된 그리스도인의 위치에서 살아가며 하나님을 영화롭게 하는 우리 모두가 되기를 기도합니다.

요한복음 16장 28절

"내가 아버지에게서 나와 세상에 왔고 다시 세상을 떠나 아버지께로 가노라 하시니"(개역개정판)

"나는 그 아버지께로부터 나왔다. 그리고 나는 그(이) 세상 안으로 왔다. 다시 나는 그(이) 세상을 떠난다. 그리고 나는 그 아버지께로 간다"(원문직역)

요한복음 16장은 예수님께서 최후의 만찬석상에서 계속 하시는 말씀입니다.

요한복음 16장에서 말씀하시는 예수님은?

첫째, 말씀으로 보호하시는 분입니다.(요 16:1~4)

"오직 너희에게 이 말을 한 것은 너희로 그 때를 당하면 내가 너희에게 말한 이것을 기억나게 하려 함이요 처음부터 이 말을 하지 아니한 것은 내가 너희와 함께 있었음이라"(요 16:4)

둘째, 보혜사 성령님을 보내시는 분입니다.(요 16:5~15)

"그러나 내가 너희에게 실상을 말하노니 내가 떠나가는 것이 너희에게 유익이라 내가 떠나가지 아니하면 보혜사가 너희에게로 오시지 아니할 것이요 가면 내가 그를 너희에게로 보내리니 그가 와서 죄에 대하여, 의에 대하여, 심판에 대하여 세상을 책망하시리라"(요 16:7~8)
"그러나 진리의 성령이 오시면 그가 너희를 모든 진리 가운데로 인도하시리니 그가 스스로 말하지 않고 오직 들은 것을 말하며 장래 일을 너희에게 알리시리라 그가 내 영광을 나타내리니 내 것을 가지고 너희에게 알리시겠음이라"(요

16:13~14)

셋째, 부활의 기쁨을 주시는 분입니다.(요 16:22)

"지금은 너희가 근심하나 내가 다시 너희를 보리니 너희 마음이 기쁠 것이요 너희 기쁨을 빼앗을 자가 없으리라"(요 16:22)

넷째, 기도 응답을 받게 하시는 중보이신 분입니다.

"그 날에는 너희가 아무 것도 내게 묻지 아니하리라 내가 진실로 진실로 너희에게 이르노니 너희가 무엇이든지 아버지께 구하는 것을 내 이름으로 주시리라 지금까지는 너희가 내 이름으로 아무 것도 구하지 아니하였으나 구하라 그리하면 받으리니 너희 기쁨이 충만하리라"(요 16:23~24)

다섯째, 하나님의 부성적 사랑을 받게 하시는 분입니다.(요 16:25~27)

"이는 너희가 나를 사랑하고 또 내가 하나님께로부터 온 줄 믿었으므로 아버지께서 친히 너희를 사랑하심이라"(요 16:27)

하나님께서 하나님의 자녀들을 사랑하는 "필레오"는 부드럽고 다정한 부성적 사랑입니다.

여섯째, 십자가 대속사역을 담당 하시고 승천하시는 분입니다.

"내가 아버지에게서 나와 세상에 왔고 다시 세상을 떠나 아버지께로 가노라 하시니"(요 16:28)

일곱째, 하나님과 항상 함께 하시는 분입니다.(요 16:29~32)

"보라 너희가 다 각각 제 곳으로 흩어지고 나를 혼자 둘 때가 오나니 벌써 왔도다 그러나 내가 혼자 있는 것이 아니라 아버지께서 나와 함께 계시느니라"(요 16:32)

여덟째, 평강을 주시는 분입니다.

"이것을 너희에게 이르는 것은 너희로 내 안에서 평안을 누리게 하려 함이라"(요 16:33상)

아홉째, 죄와 죽음과 사단의 권세를 깨뜨리시는 분입니다.

"세상에서는 너희가 환난을 당하나 담대하라 내가 세상을 이기었노라"(요 16:33하)

예수님만이 그리스도인들의 영원한 중보자입니다.

그러므로 성삼위 하나님의 은혜로 예수님의 품 안에서 살아가며 하나님을 영화롭게 하는 우리 모두가 되기를 기도합니다.

요한복음 17장 1절

"예수께서 이 말씀을 하시고 눈을 들어 하늘을 우러러 이르시되 아버지여 때가 이르렀사오니 아들을 영화롭게 하사 아들로 아버지를 영화롭게 하게 하옵소서"(개역개정판)

"이것들을 예수님께서 말씀하셨다. 그리고 그분은 그분의 그 눈들을 그 하늘 안으로 들어올리고 나서 그분은 말씀하셨다. 아버지 그 시간이 와 있습니다. 당신은 당신의 그 아들을 영화롭게 하옵소서. 당신의 그 아들이 당신을 영화롭게 하도록"(원문직역)

요한복음 17장은 멜기세덱의 반차를 좇는 영원한 대제사장이신 예수님의 기도에 대한 말씀입니다.

대제사장의 기도를 하시는 예수님은?

첫째, 하나님을 영화롭게 하시는 분입니다.

"예수께서 이 말씀을 하시고 눈을 들어 하늘을 우러러 이르시되 아버지여 때가 이르렀사오니 아들을 영화롭게 하사 아들로 아버지를 영화롭게 하게 하옵소서"(요 17:1)

하나님 영광은 하나님의 영원한 작정의 첫 머리입니다.

둘째, 영생을 주시는 분입니다.

"아버지께서 아들에게 주신 모든 사람에게 영생을 주게 하시려고 만민을 다스리는 권세를 아들에게 주셨음이로소이다 영생은 곧 유일하신 참 하나님과 그가 보내신 자 예수 그리스도를 아는 것이니이다"(요 17:2~3)

셋째, 은혜 언약인 구속 언약을 이루시는 분입니다.

"아버지께서 내게 하라고 주신 일을 내가 이루어 아버지를 이 세상에서 영화롭게 하였사오니 아버지여 창세 전에 내가 아버지와 함께 가졌던 영화로써 지금도 아버지와 함께 나를 영화롭게 하옵소서"(요 17:4~5)

넷째, 하나님의 이름을 가르치시는 분입니다.(요 17:6~8)

"세상 중에서 내게 주신 사람들에게 내가 아버지의 이름을 나타내었나이다 그들은 아버지의 것이었는데 내게 주셨으며 그들은 아버지의 말씀을 지키었나이다"(요 17:6)

대제사장이신 예수님의 기도는 사도들과 사도들의 전승적 가르침을 받는 지체들의 대한 기도입니다.

대제사장이신 예수님의 기도의 내용은?(요 17:9~26)

첫째, 지체들을 위한 기도입니다.

"내가 그들을 위하여 비옵나니 내가 비옵는 것은 세상을 위함이 아니요 내게 주신 자들을 위함이니이다 그들은 아버지의 것이로소이다"(요 17:9)

둘째, 인격적 연합을 위한 기도입니다.

"나는 세상에 더 있지 아니하오나 그들은 세상에 있사옵고 나는 아버지께로 가옵나니 거룩하신 아버지여 내게 주신 아버지의 이름으로 그들을 보전하사 우리와 같이 그들도 하나가 되게 하옵소서"(요 17:11)

셋째, 기쁨을 위한 기도입니다.

"지금 내가 아버지께로 가오니 내가 세상에서 이 말을 하옵는 것은 그들로 내 기쁨을 그들 안에 충만히 가지게 하려 함이니이다"(요 17:13)

넷째, 보존을 위한 기도입니다.

"내가 비옵는 것은 그들을 세상에서 데려가시기를 위함이 아니요 다만 악에 빠지지 않게 보전하시기를 위함이니이다"(요 17:15)

다섯째, 성화를 위한 기도입니다.

"그들을 진리로 거룩하게 하옵소서 아버지의 말씀은 진리니이다"(요 17:17)

여섯째, 예수님의 몸 된 교회의 모든 지체들을 위한 기도입니다.

"내가 비옵는 것은 이 사람들만 위함이 아니요 또 그들의 말로 말미암아 나를 믿는 사람들도 위함이니 아버지여, 아버지께서 내 안에, 내가 아버지 안에 있는 것 같이 그들도 다 하나가 되어 우리 안에 있게 하사 세상으로 아버지께서 나를 보내신 것을 믿게 하옵소서"(요 17:20~21)

일곱째, "페리콜레시스"(원무, 삼위일체 하나님의 존재양식)를 본받는 하나 됨을 위한 기도입니다.

"내게 주신 영광을 내가 그들에게 주었사오니 이는 우리가 하나가 된 것 같이 그들도 하나가 되게 하려 함이니이다"(요 17:22)

여덟째, 예수님의 영광을 알게 하는 기도입니다.

"아버지여 내게 주신 자도 나 있는 곳에 나와 함께 있어 아버지께서 창세 전부터 나를 사랑하시므로 내게 주신 나의 영광을 그들로 보게 하시기를 원하옵나이다"(요 17:24)

예수님의 영광은 작정과 언약과 속성과 사역과 성품과 하나님 나라입니다.

영원한 대제사장시시고 유일한 중보자이신 예수님은 지금도 우리들을 품 안에 안으시고 하늘 성소에서 중보기도 하십니다.(히 7:24~28)

> "그러므로 자기를 힘입어 하나님께 나아가는 자들을 온전히 구원하실 수 있으니 이는 그가 항상 살아 계셔서 그들을 위하여 간구하심이라"(히 7:25)

그러므로 성삼위 하나님의 은혜로 예수님의 품 안에서 살아가며 하나님을 영화롭게 하는 우리 모두가 되기를 기도합니다.

요한복음 18장 39절

"유월절이면 내가 너희에게 한 사람을 놓아 주는 전례가 있으니 그러면 너희는 내가 유대인의 왕을 너희에게 놓아 주기를 원하느냐 하니"(개역개정판)

"하지만 그 유월절 안에 내가 하나를 너희에게 풀어주는 관습이 너희에게 있다. 그러므로 너희는 내가 너희에게 그 유다사람들의 그 왕을 풀어주는 것을 마음먹느냐?"(원문직역)

요한복음 18장은 예수님의 고난의 한 주간 가운데 목요일 저녁에 체포 당하시고 금요일 새벽에 안나스와 가야바에게 압송되시고 빌라도 법정에서 재판 받는 내용이 기록되어 있습니다.

요한복음 18장에서 가르치는 예수님은?

첫째, 은혜 언약인 구속 언약을 이루시기 위해 스스로 자신을 내어 주시는 분입니다.(요 18:1~4)

"예수께서 그 당할 일을 다 아시고 나아가 이르시되 너희가 누구를 찾느냐"(요 18:4)

둘째, 성자 하나님입니다

"대답하되 나사렛 예수라 하거늘 이르시되 내가 그니라 하시니라 그를 파는 유다도 그들과 함께 섰더라"(요 18:6)
"하나님이 모세에게 이르시되 나는 스스로 있는 자이니라 또 이르시되 너는 이스라엘 자손에게 이같이 이르기를 스스로 있는 자가 나를 너희에게 보내셨다 하

라"(출 3:14)

셋째, 전능하신 하나님입니다.

"예수께서 그들에게 내가 그니라 하실 때에 그들이 물러가서 땅에 엎드러지는지라"(요 18:6)
"전능하신 하나님이라"(사 9:6중)

넷째, 택한 백성을 하나도 잃어버리지 않고 끝까지 보호하시는 분입니다.(요 18:7~9)

"이는 아버지께서 내게 주신 자 중에서 하나도 잃지 아니하였사옵나이다 하신 말씀을 응하게 하려 함이러라"(요 18:9)

다섯째, 성부 하나님께 순종하시는 분입니다.(요 18:10~11)

"예수께서 베드로더러 이르시되 칼을 칼집에 꽂으라 아버지께서 주신 잔을 내가 마시지 아니하겠느냐 하시니라"(요 18:11)

여섯째, 인성으로 고난 당하신 분입니다.(요 18:12~27)

"이 말씀을 하시매 곁에 섰던 아랫사람 하나가 손으로 예수를 쳐 이르되 네가 대제사장에게 이같이 대답하느냐 하니 예수께서 대답하시되 내가 말을 잘못하였으면 그 잘못한 것을 증언하라 바른 말을 하였으면 네가 어찌하여 나를 치느냐 하시더라"(요 18:22~23)

일곱째, 하나님 나라 왕이신 분입니다.(요 18:28~37)

"예수께서 대답하시되 내 나라는 이 세상에 속한 것이 아니니라 만일 내 나라가 이 세상에 속한 것이었더라면 내 종들이 싸워 나로 유대인들에게 넘겨지지 않게 하였으리라 이제 내 나라는 여기에 속한 것이 아니니라 빌라도가 이르되 그러면 네가 왕이 아니냐 예수께서 대답하시되 네 말과 같이 내가 왕이니라 내가 이를 위하여 태어났으며 이를 위하여 세상에 왔나니 곧 진리에 대하여 증언하려 함이로라

무릇 진리에 속한 자는 내 음성을 듣느니라 하신대"(요 18:36~37)

여덟째, 죄 없으신 분입니다.(요 18:38~40)

"빌라도가 이르되 진리가 무엇이냐 하더라 이 말을 하고 다시 유대인들에게 나가서 이르되 나는 그에게서 아무 죄도 찾지 못하였노라"(요 18:38)

예수님은 자신의 양들을 위해 스스로 고난받으신 양들의 큰 목자이신 분입니다.

그러므로 성삼위 하나님의 은혜로 큰 목자이신 예수님의 뒤를 따라가며 하나님을 영화롭게 하는 우리 모두가 되기를 기도합니다.

요한복음 19장 14절

"이 날은 유월절의 준비일이요 때는 제육시라 빌라도가 유대인들에게 이르되 보라 너희 왕이로다"(개역개정판)

"그런데 그 유월절의 예비일이었다. 시각은 육시쯤 이었다. 그리고 그는 유대인들에게 말하였다. 보라 너희의 그 왕이다"(원문직역)

요한복음 19장은 예수님께서 빌라도 아래 고난 받으시고 십자가에 못박혀 죽으시고 장사되는 말씀이 기록되어 있습니다.

예수님께서는 우리들의 허물과 죄악 때문에 고난 당하시고 십자가에 못 박혀 죽으셨습니다.(요 19:1~6, 18, 30)

"이에 빌라도가 예수를 데려다가 채찍질하더라"(요 19:1)
"그들이 거기서 예수를 십자가에 못 박을새 다른 두 사람도 그와 함께 좌우편에 못 박으니 예수는 가운데 있더라"(요 19:18)
"예수께서 신 포도주를 받으신 후에 이르시되 다 이루었다 하시고 머리를 숙이니 영혼이 떠나가시니라"(요 19:30)
"그가 찔림은 우리의 허물 때문이요 그가 상함은 우리의 죄악 때문이라 그가 징계를 받으므로 우리는 평화를 누리고 그가 채찍에 맞으므로 우리는 나음을 받았도다"(사 53:5)

고난받으시고 십자가에 죽으신 예수님은?

첫째. 죄 없으신 분입니다.

"대제사장들과 아랫사람들이 예수를 보고 소리 질러 이르되 십자가에 못 박으소서

십자가에 못 박으소서 하는지라 빌라도가 이르되 너희가 친히 데려다가 십자가에 못 박으라 나는 그에게서 죄를 찾지 못하였노라"(요 19:6)

둘째, 하나님 아들입니다.(요 19:7~11)

"유대인들이 대답하되 우리에게 법이 있으니 그 법대로 하면 그가 당연히 죽을 것은 그가 자기를 하나님의 아들이라 함이니이다"(요 19:7)

셋째, 유대인의 왕입니다.(요 19:12~22)

"유대인의 대제사장들이 빌라도에게 이르되 유대인의 왕이라 쓰지 말고 자칭 유대인의 왕이라 쓰라 하니 빌라도가 대답하되 내가 쓸 것을 썼다 하니라"(요 19:21~22)

넷째, 구약 계시의 말씀을 성취하신 분입니다.(요 19:23~37)

"군인들이 서로 말하되 이것을 찢지 말고 누가 얻나 제비 뽑자 하니 이는 성경에 그들이 내 옷을 나누고 내 옷을 제비 뽑나이다 한 것을 응하게 하려 함이러라 군인들은 이런 일을 하고" (요 19:24)

"내 겉옷을 나누며 속옷을 제비 뽑나이다"(시 22:18)

"그 후에 예수께서 모든 일이 이미 이루어진 줄 아시고 성경을 응하게 하려 하사 이르시되 내가 목마르다 하시니 거기 신 포도주가 가득히 담긴 그릇이 있는지라 사람들이 신 포도주를 적신 해면을 우슬초에 매어 예수의 입에 대니"(요 19:28~29)

"그들이 쓸개를 나의 음식물로 주며 목마를 때에는 초를 마시게 하였사오니"(시 69:21)

"이 일이 일어난 것은 그 뼈가 하나도 꺾이지 아니하리라 한 성경을 응하게 하려 함이라"(요 19:36)

"아침까지 그것을 조금도 남겨두지 말며 그 뼈를 하나도 꺾지 말아서 유월절 모든 율례대로 지킬 것이니라"(민 9:12)

"또 다른 성경에 그들이 그 찌른 자를 보리라 하였느니라"(요 19:37)

"내가 다윗의 집과 예루살렘 주민에게 은총과 간구하는 심령을 부어 주리니 그들이 그 찌른 바 그를 바라보고 그를 위하여 애통하기를 독자를 위하여 애통하듯 하며 그를 위하여 통곡하기를 장자를 위하여 통곡하듯 하리로다"(슥 12:10)

넷째, 무덤에 장사되신 분입니다.(요 19:38~42)

"예수께서 십자가에 못 박히신 곳에 동산이 있고 동산 안에 아직 사람을 장사한 일 이 없는 새 무덤이 있는지라 이 날은 유대인의 준비일이요 또 무덤이 가까운 고로 예수를 거기 두니라"(요 19:41~42)

예수님의 십자가 대속 사역으로 성도들은 해방론적 측면의 자유의 은총과 특권론적 측면의 자유의 은총을 누리며 살게 되었습니다.

그러므로 성삼위 하나님의 은혜로 복음적 삶을 살아가며 하나님을 영화롭게 하는 우리 모두가 되기를 기도합니다.

요한복음 20장 31절

"오직 이것을 기록함은 너희로 예수께서 하나님의 아들 그리스도이심을 믿게 하려 함이요 또 너희로 믿고 그 이름을 힘입어 생명을 얻게 하려 함이니라"(개역개정판)

"그러나 이것들은 기록되었다. 너희가 그 예수님이 그 그리스도와 그 하나님의 그 아들이신 것을 믿게 하도록 그리고 너희가 믿으면서 너희가 그분의 이름 안에서 생명을 갖도록(하기 위함이다)"(원문직역)

요한복음 20장은 예수님의 부활에 대한 말씀입니다.

예수님은 언약의 말씀대로 삼 일 만에 부활하셨습니다.(요 20:1~18)

"예수께서 이르시되 여자여 어찌하여 울며 누구를 찾느냐 하시니 마리아는 그가 동산지기인 줄 알고 이르되 주여 당신이 옮겼거든 어디 두었는지 내게 이르소서 그리하면 내가 가져가리이다 예수께서 마리아야 하시거늘 마리아가 돌이켜 히브리 말로 랍오니 하니 (이는 선생님이라는 말이라) 예수께서 이르시되 나를 붙들지 말라 내가 아직 아버지께로 올라가지 아니하였노라 너는 내 형제들에게 가서 이르되 내가 내 아버지 곧 너희 아버지, 내 하나님 곧 너희 하나님께로 올라간다 하라 하시니"(요 20:15~17)

부활하신 예수님은?

첫째, 평강을 주시는 분입니다.(요 20:19~21상)

"이 날 곧 안식 후 첫날 저녁 때에 제자들이 유대인들을 두려워하여 모인 곳의 문들을 닫았더니 예수께서 오사 가운데 서서 이르시되 너희에게 평강이 있을지어다"(요 20:19)

둘째, 사도적 직분을 분정하시는 분입니다.

"아버지께서 나를 보내신 것 같이 나도 너희를 보내노라"(요 20:21하)

교회의 머리이신 예수님께서는 제자들에게 사도적 직분을 분정하시고 사도들은 치리회를 세우고 치리회에서 목사를 세우고 분정하고 목사는 성도들에게 직분을 분정해서 교회를 세워나가게 하십니다.

셋째, 성령님을 주시는 분입니다.

"이 말씀을 하시고 그들을 향하사 숨을 내쉬며 이르시되 성령을 받으라"(요 20:22)

넷째, 복음의 권세를 주시는 분입니다.

"너희가 누구의 죄든지 사하면 사하여질 것이요 누구의 죄든지 그대로 두면 그대로 있으리라 하시니라"(요 20:23)

다섯째, 믿음을 주시는 분입니다.(요 20:24~29)

"도마에게 이르시되 네 손가락을 이리 내밀어 내 손을 보고 네 손을 내밀어 내 옆구리에 넣어 보라 그리하여 믿음 없는 자가 되지 말고 믿는 자가 되라 도마가 대답하여 이르되 나의 주님이시요 나의 하나님이시니이다 예수께서 이르시되 너는 나를 본 고로 믿느냐 보지 못하고 믿는 자들은 복되도다 하시니라"(요 20:27~29)

여섯째, 하나님으로부터 기름부음 받으신 하나님의 아들이신 분입니다.(요 20:30~31)

"오직 이것을 기록함은 너희로 예수께서 하나님의 아들 그리스도이심을 믿게 하려 함이요"(요 20:31상)

일곱째, 재창조의 생명인 영원한 생명을 주시는 분입니다.

"또 너희로 믿고 그 이름을 힘입어 생명을 얻게 하려 함이니라"(요 20:31하)

부활하신 예수님은 세상 끝날까지 우리들과 함께 하십니다.

그러므로 성삼위 하나님의 은혜로 예수님 안에서 살아가며 하나님을 영화롭게 하는 우리 모두가 되기를 기도합니다.

요한복음 21장 19절

"이 말씀을 하심은 베드로가 어떠한 죽음으로 하나님께 영광을 돌릴 것을 가리키심이러라 이 말씀을 하시고 베드로에게 이르시되 나를 따르라하시니"(개역개정판)

"그런데 이것을 그분은 어떤 죽음으로 그가 그 하나님을 영화롭게 할 것인가를 표하면서 말씀하셨다. 그리고 이 말씀을 하시고 나서 그분은 그에게 말씀하신다. 너는 내게 따르거라"(원문직역)

요한복음 21장은 예수님께서 부활 이후 제자들에게 나타나셔서 행하시고 가르치시는 말씀입니다.

부활 이후 제자들에게 나타나신 예수님은?

첫째, 과거에 베풀어주신 은혜를 깨닫게 하시는 분입니다.(요 21:1~7)

"예수께서 이르시되 얘들아 너희에게 고기가 있느냐 대답하되 없나이다 이르시되 그물을 배 오른편에 던지라 그리하면 잡으리라 하시니 이에 던졌더니 물고기가 많아 그물을 들 수 없더라 예수께서 사랑하시는 그 제자가 베드로에게 이르되 주님이시라 하니 시몬 베드로가 벗고 있다가 주님이라 하는 말을 듣고 겉옷을 두른 후에 바다로 뛰어 내리더라"(요 21:5~7)

"말씀을 마치시고 시몬에게 이르시되 깊은 데로 가서 그물을 내려 고기를 잡으라 시몬이 대답하여 이르되 선생님 우리들이 밤이 새도록 수고하였으되 잡은 것이 없지마는 말씀에 의지하여 내가 그물을 내리리이다 하고 그렇게 하니 고기를 잡은 것이 심히 많아 그물이 찢어지는지라"(눅 5:4~6)

둘째, 제자들을 사랑하시는 분입니다.(요 21:8~14)

"예수께서 이르시되 와서 조반을 먹으라 하시니 제자들이 주님이신 줄 아는 고로 당신이 누구냐 감히 묻는 자가 없더라 예수께서 가셔서 떡을 가져다가 그들에게 주시고 생선도 그와 같이 하시니라"(요 21:12~13)

셋째, 사명을 주시는 분입니다.(요 21:15~19)

"그들이 조반 먹은 후에 예수께서 시몬 베드로에게 이르시되 요한의 아들 시몬아 네가 이 사람들보다 나를 더 사랑하느냐 하시니 이르되 주님 그러하나이다 내가 주님을 사랑하는 줄 주님께서 아시나이다 이르시되 내 어린 양을 먹이라 하시고 또 두 번째 이르시되 요한의 아들 시몬아 네가 나를 사랑하느냐 하시니 이르되 주님 그러하나이다 내가 주님을 사랑하는 줄 주님께서 아시나이다 이르시되 내 양을 치라 하시고 세 번째 이르시되 요한의 아들 시몬아 네가 나를 사랑하느냐 하시니 주께서 세 번째 네가 나를 사랑하느냐 하시므로 베드로가 근심하여 이르되 주님 모든 것을 아시오매 내가 주님을 사랑하는 줄을 주님께서 아시나이다 예수께서 이르시되 내 양을 먹이라"(요 21:15~17)

다섯째, 각자에게 주신 분배적 은혜대로 살기를 가르치는 분입니다.(요 21:20~24)

"예수께서 이르시되 내가 올 때까지 그를 머물게 하고자 할지라도 네게 무슨 상관이냐 너는 나를 따르라 하시더라 이 말씀이 형제들에게 나가서 그 제자는 죽지 아니하겠다 하였으나 예수의 말씀은 그가 죽지 않겠다 하신 것이 아니라 내가 올 때까지 그를 머물게 하고자 할지라도 네게 무슨 상관이냐 하신 것이러라"(요 21:22~23)

여섯째, 계시를 충만하게 드러내신 살아계신 하나님 아들이신 분입니다.

"예수께서 행하신 일이 이 외에도 많으니 만일 낱낱이 기록된다면 이 세상이라도 이 기록된 책을 두기에 부족할 줄 아노라"(요 21:25)

부활하신 살아계신 하나님의 아들 예수님은 지금도 신성의 편재성으로 성령님으로 성령님을 통하여 우리 안에 내주하시며 영원토록 우리들과 동행하십니다.

그러므로 성삼위 하나님의 은혜로 예수님과 동행하며 하나님을 영화롭게 하는 우리 모두가 되기를 기도합니다.

요한 1,2,3서

요한일서 1서 1장

"태초부터 있는 생명의 말씀에 관하여는 우리가 들은 바요 눈으로 본 바요 자세히 보고 우리의 손으로 만진 바라"(개역개정판)

"처음부터 있었던 것으로 우리가 그것을 들어왔던 것이며 우리가 그것을 보아왔던 것이며 우리 눈으로 보았고 우리가 그것을 지겨 보았고 그리고 우리의 손들로 그 생명의 그 말씀에 대하여 만졌던 것이다"(원문직역)

요한일서 1장에는 생명의 말씀이신 예수님과 하나님과 더불어 함께 지어져가는 지체들과의 거룩한 사귐이 기록되어 있습니다.

생명의 말씀인 예수님은?

첫째, 세상이 창조되기 전부터 존재하신 분입니다.

"태초부터 있는 생명의 말씀에 관하여는"(요일 1:1상)
"증언하여 너희에게 전하노니 이는 아버지와 함께 계시다가 우리에게 나타내신 바 된 이시니라"(요일 1:2하)

예수님께서는 성부 하나님과 동일한 본질을 가지고 계시고 동등한 영광을 가지고 계시며 동시 선재하신 분입니다.

둘째, 인간의 혈과 육을 취하시고 참 하나님으로 참 사람으로 세상에 오신 분입니다.

"우리가 들은 바요 눈으로 본 바요 자세히 보고 우리의 손으로 만진 바라"(요일 1:1하)
"이 생명이 나타내신 바 된지라 이 영원한 생명을 우리가 보았고"(요일 1:2상)

사도 요한이 복음을 전하는 이유는 예수 그리스도 안에서 서로 사귐을 갖기 위함입니다.

"우리가 보고 들은 바를 너희에게도 전함은 너희로 우리와 사귐이 있게 하려 함이니"(요일 1:3상)

그리스도인의 사귐은?

첫째, 하나님과 하나님의 아들이신 예수님의 모든 소유를 나누는 사귐입니다.

"우리의 사귐은 아버지와 그의 아들 예수 그리스도와 더불어 누림이라"(요일 1:3하)

둘째, 기쁨이 가득차게 되는 사귐입니다.

"우리가 이것을 씀은 우리의 기쁨이 충만하게 하려 함이라"(요일 1:4)

셋째, 진리를 행하는 사귐입니다.

"우리가 그에게서 듣고 너희에게 전하는 소식은 이것이니 곧 하나님은 빛이시라 그에게는 어둠이 조금도 없으시다는 것이니라 만일 우리가 하나님과 사귐이 있다 하고 어둠에 행하면 거짓말을 하고 진리를 행하지 아니함이거니와"(요일 1:5~6)

넷째, 더불어 함께 지어져가는 지체들과 진리로 교제하는 거룩한 사귐입니다.

"그가 빛 가운데 계신 것 같이 우리도 빛 가운데 행하면 우리가 서로 사귐이 있

고"(요일 1:7상)

다섯째, 죄사함의 은총이 있는 사귐입니다.

"그 아들 예수의 피가 우리를 모든 죄에서 깨끗하게 하실 것이요"(요일 1:7하)

여섯째, 생명 얻는 회개 은총의 사귐입니다.

"만일 우리가 죄가 없다고 말하면 스스로 속이고 또 진리가 우리 속에 있지 아니할 것이요 만일 우리가 우리 죄를 자백하면 그는 미쁘시고 의로우사 우리 죄를 사하시며 우리를 모든 불의에서 깨끗하게 하실 것이요"(요일 1:8~9)

일곱째, 하나님 말씀이 우리안에 있는 사귐입니다.

"만일 우리가 범죄하지 아니하였다 하면 하나님을 거짓말하는 이로 만드는 것이니 또한 그의 말씀이 우리 속에 있지 아니하니라"(요일 1:10)

예수님과의 거룩한 사귐과 하나님과의 거룩한 사귐과 더불어 함께 지어져가는 지체들과의 거룩한 사귐을 갖는 그리스도인은 이 세상에서 가장 복 있는 사람입니다.

그러므로 성삼위 하나님의 은혜로 거룩한 사귐에 참여되며 하나님을 영화롭게 하는 우리 모두가 되기를 기도합니다.

요한일서 2장 1절

"나의 자녀들아 내가 이것을 너희에게 씀은 너희로 죄를 범하지 않게 하려 함이라 만일 누가 죄를 범하여도 아버지 앞에서 우리에게 대언자가 있으니 곧 의로우신 예수 그리스도시라"(개역개정판)

"나의 자녀들아 내가 이것들을 너희에게 쓴다. 너희가 죄를 짓지 않게 하기 위함이다. 그리고 만일 누구든지 죄를 지으면 우리는 아버지 앞에서 변호자를 가지고 있다. 의로우신 예수 그리스도이시다"(원문직역)

요한일서 2장은 1장에 이어 계속해서 하나님과의 사귐에 대하여 기록하고 있습니다.

하나님과의 거룩한 사귐은?

첫째, 죄를 짓지 않게 하는 사귐입니다.

"나의 자녀들아 내가 이것을 너희에게 씀은 너희로 죄를 범하지 않게 하려 함이라"(요일 2:1상)

둘째, 하나님 앞에서 대속 사역과 중보자 사역을 담당하시는 예수 그리스도와의 거룩한 사귐입니다.

"만일 누가 죄를 범하여도 아버지 앞에서 우리에게 대언자가 있으니 곧 의로우신 예수 그리스도시라 그는 우리 죄를 위한 화목 제물이니 우리만 위할 뿐 아니요 온 세상의 죄를 위하심이라"(요일 2:1하~2)

셋째, 사랑을 실천하는 사귐입니다.(요일 2:3~14)

"누구든지 그의 말씀을 지키는 자는 하나님의 사랑이 참으로 그 속에서 온전하게 되었나니 이로써 우리가 그의 안에 있는 줄을 아노라 그의 안에 산다고 하는 자는 그가 행하시는 대로 자기도 행할지니라"(요일 2:5~6)

"새 계명을 너희에게 주노니 서로 사랑하라 내가 너희를 사랑한 것 같이 너희도 서로 사랑하라 너희가 서로 사랑하면 이로써 모든 사람이 너희가 내 제자인 줄 알리라"(요 13:34~35)

"아이들아 내가 너희에게 쓴 것은 너희가 아버지를 알았음이요 아비들아 내가 너희에게 쓴 것은 너희가 태초부터 계신 이를 알았음이요 청년들아 내가 너희에게 쓴 것은 너희가 강하고 하나님의 말씀이 너희 안에 거하시며 너희가 흉악한 자를 이기었음이라"(요일 2:14)

넷째, 세상을 사랑하지 않는 사귐입니다.

"이 세상이나 세상에 있는 것들을 사랑하지 말라 누구든지 세상을 사랑하면 아버지의 사랑이 그 안에 있지 아니하니 이는 세상에 있는 모든 것이 육신의 정욕과 안목의 정욕과 이생의 자랑이니 다 아버지께로부터 온 것이 아니요 세상으로부터 온 것이라 이 세상도, 그 정욕도 지나가되 오직 하나님의 뜻을 행하는 자는 영원히 거하느니라"(요일 2:15~17)

다섯째, 적그리스도의 무리들과 교제하지 않는 사귐입니다.(요일 2:18~23)

"아이들아 지금은 마지막 때라 적그리스도가 오리라는 말을 너희가 들은 것과 같이 지금도 많은 적그리스도가 일어났으니 그러므로 우리가 마지막 때인 줄 아노라 그들이 우리에게서 나갔으나 우리에게 속하지 아니하였나니 만일 우리에게 속하였더라면 우리와 함께 거하였으려니와 그들이 나간 것은 다 우리에게 속하지 아니함을 나타내려 함이니라"(요일 2:18~19)

여섯째, 바른 교리안에 거주하게 하는 사귐입니다.

"너희는 처음부터 들은 것을 너희 안에 거하게 하라"(요일 2:24상)

일곱째, 영원한 생명을 누리게 하는 사귐입니다.(요일 2:24하~27)

"처음부터 들은 것이 너희 안에 거하면 너희가 아들과 아버지 안에 거하리라 그가 우리에게 약속하신 것은 이것이니 곧 영원한 생명이니라"(요일 2:24하~25)

여덟째, 그리스도안에 계속 머무르는 사귐입니다.

"자녀들아 이제 그의 안에 거하라 이는 주께서 나타내신 바 되면 그가 강림하실 때에 우리로 담대함을 얻어 그 앞에서 부끄럽지 않게 하려 함이라"(요일 2:28)

아홉째, 계속해서 의를 행하는 사귐입니다.

"너희가 그가 의로우신 줄을 알면 의를 행하는 자마다 그에게서 난 줄을 알리라"(요일 2:29)

그리스도인의 가장 소중한 가치는 하나님과의 거룩한 사귐입니다.

하나님과의 거룩한 사귐에서 흘러나오지 않는 모든 선한 행위들은 종교적 활동일 뿐입니다.

그러므로 성삼위 하나님의 은혜로 거룩한 사귐의 은총가운데 거주하며 하나님을 영화롭게 하는 우리 모두가 되기를 기도합니다.

요한일서 3장 23절

"그의 계명은 이것이니 곧 그 아들 예수 그리스도의 이름을 믿고 그가 우리에게 주신 계명대로 서로 사랑할 것이니라"(개역개정판)

"그리고 이것이 그분의 계명이다. 우리가 그분의 그 아들 예수 그리스도의 그 이름을 믿는 것과 그리고 그분께서 우리에게 주신 명령대로 우리가 서로 사랑하는 것이다"(원문직역)

요한일서 3장은 하나님의 자녀들의 삶을 가르치고 있습니다.

우리들이 하나님의 자녀가 된 것은 하나님께서 자신의 아드님이신 예수 그리스도를 희생시키시고 사랑하신 구속의 사랑 때문입니다.

"보라 아버지께서 어떠한 사랑을 우리에게 베푸사 하나님의 자녀라 일컬음을 받게 하셨는가, 우리가 그러하도다 그러므로 세상이 우리를 알지 못함은 그를 알지 못함이라"(요일 3:1)

구속의 은총으로 하나님의 자녀가 된 그리스도인들은?

첫째, 예수 그리스도께서 재림 하실 때 예수 그리스도와 면대하고 영화로운 몸을 덧입는 사람입니다.

"사랑하는 자들아 우리가 지금은 하나님의 자녀라 장래에 어떻게 될지는 아직 나타나지 아니하였으나 그가 나타나시면 우리가 그와 같을 줄을 아는 것은 그의 참 모습 그대로 볼 것이기 때문이니"(요일 3:2)

둘째, 예수 그리스도께서 정결하신 것같이 자신도 계속해서 정결하게 하는 사람입니다.

"주를 향하여 이 소망을 가진 자마다 그의 깨끗하심과 같이 자기를 깨끗하게 하느니라"(요일 3:3)

셋째, "아노미아"(불법)를 행하지 않는 사람입니다.

"죄를 짓는 자마다 불법을 행하나니 죄는 불법이라"(요일 3:4)

그리스도인은 "유스 디비눔"(신적 규례, 신적 권위, 하나님의 법)인 바른 교리와 바른 예배와 바른 교회법을 따라 사는 사람입니다.

넷째, 상습적으로 죄를 짓지 않는 사람입니다.(요일 3:5~6)

"그 안에 거하는 자마다 범죄하지 아니하나니 범죄하는 자마다 그를 보지도 못하였고 그를 알지도 못하였느니라"(요일 3:6)

다섯째, 내주하시는 성령님과 말씀을 따라 의를 행하고 형제를 사랑하는 사람입니다.(요일 3:7~10)

"하나님께로부터 난 자마다 죄를 짓지 아니하나니 이는 하나님의 씨가 그의 속에 거함이요 그도 범죄하지 못하는 것은 하나님께로부터 났음이라 이러므로 하나님의 자녀들과 마귀의 자녀들이 드러나나니 무릇 의를 행하지 아니하는 자나 또는 그 형제를 사랑하지 아니하는 자는 하나님께 속하지 아니하니라"(요일 3:9~10)

여섯째, 서로 사랑하는 사람입니다.

"우리는 서로 사랑할지니 이는 너희가 처음부터 들은 소식이라"(요일 3:11)

일곱째, 하나님 사랑을 본받는 사람입니다.(요일 3:12~16)

"그가 우리를 위하여 목숨을 버리셨으니 우리가 이로써 사랑을 알고 우리도 형제

들을 위하여 목숨을 버리는 것이 마땅하니라"(요일 3:16)

여덟째, 행함과 진실로 사랑하는 사람입니다.(요일 3:17~20)

"자녀들아 우리가 말과 혀로만 사랑하지 말고 행함과 진실함으로 하자 이로써 우리가 진리에 속한 줄을 알고 또 우리 마음을 주 앞에서 굳세게 하리니"(요일 3:18~19)

아홉째, 진리와 사랑가운데 살아가며 기도응답을 받는 사람입니다.

"사랑하는 자들아 만일 우리 마음이 우리를 책망할 것이 없으면 하나님 앞에서 담대함을 얻고 무엇이든지 구하는 바를 그에게서 받나니 이는 우리가 그의 계명을 지키고 그 앞에서 기뻐하시는 것을 행함이라"(요일 3:21~22)

열 번째, 예수 그리스도의 이름을 믿고 주신 계명대로 서로 사랑하는 사람입니다.

"그의 계명은 이것이니 곧 그 아들 예수 그리스도의 이름을 믿고 그가 우리에게 주신 계명대로 서로 사랑할 것이니라 그의 계명을 지키는 자는 주 안에 거하고 주는 그의 안에 거하시나니 우리에게 주신 성령으로 말미암아 그가 우리 안에 거하시는 줄을 우리가 아느니라"(요일 3:23~24)

그리스도인은 성결의 위치에서 진리와 사랑으로 살아가는 사람입니다.

진리와 사랑은 하루아침에 되는 것이 아닙니다.
일평생 배우고 자라가고 장성하는 것입니다.

그러므로 성삼위 하나님의 은혜로 진리와 사랑으로 살아가며 하나님을 영화롭게 하는 우리 모두가 되기를 기도합니다.

요한이서 1장 1절

"장로인 나는 택하심을 받은 부녀와 그의 자녀들에게 편지하노니 내가 참으로 사랑하는 자요 나뿐 아니라 진리를 아는 모든 자도 그리하는 것은"(개역개정판)

"장로인 나는 택하심을 받은 귀부인과 그 여자의 자녀들에게(편지를 쓴다) 그들은 내가 진리 안에서 사랑하는 자이다. 그리고 나 뿐만 아니라 그리고 그 진리를 아는 모든 이들이다"(원문직역)

요한이서 1장은 예수 그리스도의 몸된 교회와 그 지체들에게 쓰는 말씀입니다.

예수 그리스도의 몸된 교회의 지체들인 성도들은?

첫째, 진리 때문에 예수 그리스도의 몸된 교회와 그 지체들을 사랑하는 사람입니다.

"장로인 나는 택하심을 받은 부녀와 그의 자녀들에게 편지하노니 내가 참으로 사랑하는 자요 나뿐 아니라 진리를 아는 모든 자도 그리하는 것은 우리 안에 거하여 영원히 우리와 함께 할 진리로 말미암음이로다"(요이 1:1~2)

둘째, 진리와 사랑 안에서 은혜와 긍휼과 평강을 누리는 사람입니다.

"은혜와 긍휼과 평강이 하나님 아버지와 아버지의 아들 예수 그리스도께로부터 진리와 사랑 가운데서 우리와 함께 있으리라"(요이 1:3)

셋째, 진리 안에서 행하는 지체들을 보고 기뻐하는 사람입니다.

"너의 자녀들 중에 우리가 아버지께 받은 계명대로 진리를 행하는 자를 내가 보니 심히 기쁘도다"(요이 1:4)

넷째, 사랑으로 사는 사람입니다.

"부녀여, 내가 이제 네게 구하노니 서로 사랑하자 이는 새 계명 같이 네게 쓰는 것이 아니요 처음부터 우리가 가진 것이라 또 사랑은 이것이니 우리가 그 계명을 따라 행하는 것이요 계명은 이것이니 너희가 처음부터 들은 바와 같이 그 가운데서 행하라 하심이라"(요이 1:5~6)

다섯째, 이단을 경계하는 사람입니다.(요이 1:7~11)

"미혹하는 자가 세상에 많이 나왔나니 이는 예수 그리스도께서 육체로 오심을 부인하는 자라 이런 자가 미혹하는 자요 적그리스도니"(요이 1:7)
"누구든지 이 교훈을 가지지 않고 너희에게 나아가거든 그를 집에 들이지도 말고 인사도 하지 말라 그에게 인사하는 자는 그 악한 일에 참여하는 자임이라"(요이 1:10~11)

여섯째, 서로 교제하며 신령한 기쁨을 나누는 사람입니다.

"내가 너희에게 쓸 것이 많으나 종이와 먹으로 쓰기를 원하지 아니하고 오히려 너희에게 가서 대면하여 말하려 하니 이는 너희 기쁨을 충만하게 하려 함이라"(요이 1:12)

일곱째, 지체들에게 문안하는 사람입니다.

"택하심을 받은 네 자매의 자녀들이 네게 문안하느니라"(요이 1:13)

성도는 진리와 사랑 안에서 은혜와 긍휼과 평강을 누리고 지체들과 진리의 교제를 하며 신령한 기쁨을 나누는 사람입니다.

그러므로 성삼위 하나님의 은혜로 진리와 사랑안에서 살아가며 하나님을 영화롭게 하는 우리 모두가 되기를 기도합니다.

요한삼서 1장 5절

"사랑하는 자여 네가 무엇이든지 형제 곧 나그네 된 자들에게 행하는 것은 신실한 일이니"(개역개정판)

"사랑하는 자여 네가 형제들과 그리고 나그네들에게 신실하게 행하고 있다"(원문직역)

요한삼서는 사도 요한이 사랑하는 가이오에게 쓴 편지입니다.

참 그리스도인은?

첫째, 하나님과의 바른 관계에 있는 사람입니다.

"사랑하는 자여 네 영혼이 잘됨 같이 네가 범사에 잘되고 강건하기를 내가 간구하노라"(요삼 1:2)

둘째, 진리를 따라 사는 사람입니다.

"형제들이 와서 네게 있는 진리를 증언하되 네가 진리 안에서 행한다 하니 내가 심히 기뻐하노라 내가 내 자녀들이 진리 안에서 행한다 함을 듣는 것보다 더 기쁜 일이 없도다"(요삼 1:3~4)

셋째, 사랑을 행하는 사람입니다.(요삼 1:5~8)

"사랑하는 자여 네가 무엇이든지 형제 곧 나그네 된 자들에게 행하는 것은 신실한 일이니 그들이 교회 앞에서 너의 사랑을 증언하였느니라 네가 하나님께 합당하게 그들을 전송하면 좋으리로다"(요삼 1:5~6)

넷째, 교만한 자를 본받지 않는 사람입니다.

"내가 두어 자를 교회에 썼으나 그들 중에 으뜸되기를 좋아하는 디오드레베가 우리를 맞아들이지 아니하니 그러므로 내가 가면 그 행한 일을 잊지 아니하리라 그가 악한 말로 우리를 비방하고도 오히려 부족하여 형제들을 맞아들이지도 아니하고 맞아들이고자 하는 자를 금하여 교회에서 내쫓는도다"(요삼 1:9~10)

다섯째, 악한 것을 본받지 않고 선한 것을 본받는 사람입니다.

"사랑하는 자여 악한 것을 본받지 말고 선한 것을 본받으라 선을 행하는 자는 하나님께 속하고 악을 행하는 자는 하나님을 뵈옵지 못하였느니라"(요삼 1:11)

여섯째, 진리와 교회 안과 교회 바깥에서도 인정받는 사람입니다.

"데메드리오는 뭇 사람에게도, 진리에게서도 증거를 받았으매 우리도 증언하노니 너는 우리의 증언이 참된 줄을 아느니라"(요삼 1:12)

일곱째, 지체들을 문안하고 환대하는 사람입니다.(요삼 1:13~15)

"평강이 네게 있을지어다 여러 친구가 네게 문안하느니라 너는 친구들의 이름을 들어 문안하라"(요삼 1:15)

참된 그리스도인은 진리와 사랑으로 살아가는 사람입니다.

그러므로 성삼위 하나님의 은혜로 진리와 사랑으로 살아가며 하나님을 영화롭게 하는 우리 모두가 되기를 기도합니다.

요한계시록

요한계시록 1장 1절

"예수 그리스도의 계시라 이는 하나님이 그에게 주사 반드시 속히 일어날 일들을 그 종들에게 보이시려고 그의 천사를 그 종 요한에게 보내어 알게 하신 것이라"(개역개정판)

"예수 그리스도의 계시이다. (곧 그것은) 그 하나님께서 반드시 신속하게 되어져야만 하는 것들을 그의 그 종들에게 보이시기 위하여 그에게 주셨다. 그리고 그분이 그의 그 천사들을 통하여 그의 그 종 요한에게 보내심으로 알리신 것이다"(원문직역)

요한계시록 1장은 소아시아에 있는 일곱 교회에게 보내는 책입니다.(계 1:10~11)

"주의 날에 내가 성령에 감동되어 내 뒤에서 나는 나팔 소리 같은 큰 음성을 들으니 이르되 네가 보는 것을 두루마리에 써서 에베소, 서머나, 버가모, 두아디라, 사데, 빌라델비아, 라오디게아 등 일곱 교회에 보내라 하시기로"(계 1:9~11)

계시록은 하나님으로부터 나온 계시입니다.

하나님과 예수님은 계시를 공유하시고 천사를 통해 요한에게 알게하시고 요한을 통하여 교회 공동체에게 전달하기 위해 기록된 말씀입니다.

"예수 그리스도의 계시라 이는 하나님이 그에게 주사 반드시 속히 일어날 일들을 그 종들에게 보이시려고 그의 천사를 그 종 요한에게 보내어 알게 하신 것이라 요한은 하나님의 말씀과 예수 그리스도의 증거 곧 자기가 본 것을 다 증언하였느니라"(계 1:1~2)

일곱 교회 위에 즉 보편의 교회 위에 은혜와 평강을 주시는 삼위일체 하나님은?

첫째, 영원하시고 자존하시고 불변하시고 시간과 역사를 주관하시며 심판하시는 성부 하나님입니다.

"요한은 아시아에 있는 일곱 교회에 편지하노니 이제도 계시고 전에도 계셨고 장차 오실 이와"(계 1:4상)
"주 하나님이 이르시되 나는 알파와 오메가라 이제도 있고 전에도 있었고 장차 올 자요 전능한 자라 하시더라"(계 1:8)

둘째, 하나님 보좌 앞에 일곱 등불로 존재하시며 온 땅을 두루 살피시는 성령 하나님입니다.(계 1:4하)

"그의 보좌 앞에 있는 일곱 영과"(계 1:4하)

셋째, 선지자직과 제사장직과 왕직을 담당하시는 성자 하나님입니다.

"또 충성된 증인으로 죽은 자들 가운데에서 먼저 나시고 땅의 임금들의 머리가 되신 예수 그리스도로 말미암아 은혜와 평강이 너희에게 있기를 원하노라"(계 1:5상)

성부 하나님의 거룩한 뜻을 실행하시고 성취하시고 완성하시는 예수 그리스도는?

첫째, 하나님 자녀들의 죄 문제를 근본적으로 해결해 주시기 위해 십자가 대속 사역을 담당하신 분입니다.

"우리를 사랑하사 그의 피로 우리 죄에서 우리를 해방하시고"(계 1:5하)

둘째, 하나님 영광을 위해 하나님의 자녀들을 하나님 나라와 제사장으로 삼으신 분입니다.

"그의 아버지 하나님을 위하여 우리를 나라와 제사장으로 삼으신 그에게 영광과 능력이 세세토록 있기를 원하노라 아멘"(계 1:6)

셋째, 승귀하신 분입니다.

"볼지어다 그가 구름을 타고 오시리라"(계 1:7상)

"내가 또 밤 환상 중에 보니 인자 같은 이가 하늘 구름을 타고 와서 옛적부터 항상 계신 이에게 나아가 그 앞으로 인도되매"(단 7:13)

"다윗은 하늘에 올라가지 못하였으나 친히 말하여 이르되 주께서 내 주에게 말씀하시기를 내가 네 원수로 네 발등상이 되게 하기까지 너는 내 우편에 앉아 있으라 하셨도다 하였으니"(행 2:34~35)

넷째, 생명 얻는 회개의 은총을 주시는 분입니다.

"각 사람의 눈이 그를 보겠고 그를 찌른 자들도 볼 것이요 땅에 있는 모든 족속이 그로 말미암아 애곡하리니 그러하리라 아멘"(계 1:7)

"그런즉 이스라엘 온 집은 확실히 알지니 너희가 십자가에 못 박은 이 예수를 하나님이 주와 그리스도가 되게 하셨느니라 하니라 그들이 이 말을 듣고 마음에 찔려 베드로와 다른 사도들에게 물어 이르되 형제들아 우리가 어찌할꼬 하거늘"(행 2:36~37)

승귀하신 예수님은?

첫째, 교회의 머리이신 분입니다.

"몸을 돌이켜 나에게 말한 음성을 알아 보려고 돌이킬 때에 일곱 금 촛대를 보았는데 촛대 사이에 인자 같은 이가"(계 1:12~13상)

둘째, 하늘 성소의 대제사장이신 분입니다.

"발에 끌리는 옷을 입고 가슴에 금띠를 띠고"(계 1:13하)

셋째, 존귀와 영광을 받으시기에 합당한 성부 하나님과 동등하신 분입니다.

"그의 머리와 털의 희기가 흰 양털 같고 눈 같으며"(계 1:14상)

넷째, 재림하셔서 심판하실 분입니다.

"그의 눈은 불꽃 같고 그의 발은 풀무불에 단련한 빛난 주석 같고"(계 1:14하~15상)

다섯째, 성부 하나님과 동일한 본질과 동등한 영광과 동시 선재하신 분입니다.

"그의 음성은 많은 물 소리와 같으며"(계 1:15하)

여섯째, 교회를 다스리는 분입니다.

"그의 오른손에 일곱 별이 있고"(계 1:16상)

일곱째, 말씀으로 심판하시는 분입니다.

"그의 입에서 좌우에 날선 검이 나오고"(계 1:16중)

여덟째, 절대적이고 완전한 권세와 능력으로 교회를 위해 승리하시는 분입니다.

"그 얼굴은 해가 힘있게 비치는 것 같더라"(계 1:16하)

아홉째, 창조주이시며 세상과 역사의 주인이신 분입니다.

"내가 볼 때에 그의 발 앞에 엎드러져 죽은 자 같이 되매 그가 오른손을 내게 얹고

이르시되 두려워하지 말라 나는 처음이요 마지막이니"(계 1:17)

열 번째, 십자가에 못박혀 죽으셨다가 삼일 만에 부활하셔서 영원토록 살아계신 분입니다.

"곧 살아 있는 자라 내가 전에 죽었었노라 볼지어다 이제 세세토록 살아 있어"(계 1:18상)

열 한 번째, 사망과 음부의 권세를 다스리는 분입니다.

"사망음부의 열쇠를 가졌노니"(계 1:18하)

그리스도인은 삼위일체 하나님과 예수 그리스도를 올바로 알고 하나님 말씀에 순종하는 사람입니다.

"이 예언의 말씀을 읽는 자와 듣는 자와 그 가운데에 기록한 것을 지키는 자는 복이 있나니 때가 가까움이라"(계 1:3)

그러므로 성삼위 하나님의 은혜로 삼위일체 하나님과 예수 그리스도를 올바로 알고 하나님 말씀에 순종하며 하나님을 영화롭게 하는 우리 모두가 되기를 기도합니다.

요한계시록 2장 10절

"너는 장차 받을 고난을 두려워하지 말라 볼지어다 마귀가 장차 너희 가운데에서 몇 사람을 옥에 던져 시험을 받게 하리니 너희가 십 일 동안 환난을 받으리라 네가 죽도록 충성하라 그리하면 내가 생명의 관을 네게 주리라"(개역개정판)

"너는 고난받게 될 것을 전혀 두려워하지 말라. 보라 그 마귀가 장차 너희들 중에서 (어떤 자들을) 옥으로 던져 넣을 것이다. 너희가 시험을 받도록 하기 위해 너는 죽기까지 신실하라. 그러면 내가 그 생명의 그 면류관을 네게 줄 것이다"(원문직역)

요한계시록 2장은 교회의 머리이신 예수님께서 소아시아에 있는 일곱 교회 중 네 교회에게 주시는 말씀입니다.

예수님께서 일곱 교회에게 주시는 말씀은 보편의 교회 모두에게 주시는 말씀입니다.

예수 그리스도의 몸된 교회와 그 지체들인 성도들은?

첫째, 진리를 파수하기 위해 수고하고 인내하고 순결해야 합니다.

"내가 네 행위와 수고와 네 인내를 알고 또 악한 자들을 용납하지 아니한 것과 자칭 사도라 하되 아닌 자들을 시험하여 그의 거짓된 것을 네가 드러낸 것과 또 네가 참고 내 이름을 위하여 견디고 게으르지 아니한 것을 아노라"(계 2:2~3)

"오직 네게 이것이 있으니 네가 니골라 당의 행위를 미워하는도다 나도 이것을 미

워하노라"(계 2:6)

둘째, 진리를 파수하기 위해 지체들 사랑하는 사랑을 버려서는 안됩니다.

"그러나 너를 책망할 것이 있나니 너의 처음 사랑을 버렸느니라"(계 2:4)

셋째, 회개할 기회를 주셨을 때 회개해야 합니다.

"그러므로 어디서 떨어졌는지를 생각하고 회개하여 처음 행위를 가지라 만일 그리하지 아니하고 회개하지 아니하면 내가 네게 가서 네 촛대를 그 자리에서 옮기리라"(계 2:5)

"또 내가 그에게 회개할 기회를 주었으되 자기의 음행을 회개하고자 하지 아니하는도다 볼지어다 내가 그를 침상에 던질 터이요 또 그와 더불어 간음하는 자들도 만일 그의 행위를 회개하지 아니하면 큰 환난 가운데에 던지고 또 내가 사망으로 그의 자녀를 죽이리니 모든 교회가 나는 사람의 뜻과 마음을 살피는 자인 줄 알지라 내가 너희 각 사람의 행위대로 갚아 주리라"(계 2:21~23)

넷째, 우상 숭배와 음행을 따라가서는 안됩니다.

"오직 네게 이것이 있으니 네가 니골라 당의 행위를 미워하는도다 나도 이것을 미워하노라"(계 2:6)

"그러나 네게 두어 가지 책망할 것이 있나니 거기 네게 발람의 교훈을 지키는 자들이 있도다 발람이 발락을 가르쳐 이스라엘 자손 앞에 걸림돌을 놓아 우상의 제물을 먹게 하였고 또 행음하게 하였느니라 이와 같이 네게도 니골라 당의 교훈을 지키는 자들이 있도다 그러므로 회개하라 그리하지 아니하면 내가 네게 속히 가서 내 입의 검으로 그들과 싸우리라"(계 2:14~16)

"그러나 네게 책망할 일이 있노라 자칭 선지자라 하는 여자 이세벨을 네가 용납함이니 그가 내 종들을 가르쳐 꾀어 행음하게 하고 우상의 제물을 먹게 하는도다"(계 2:20)

다섯째, 하나님 말씀에 순종해야 합니다.

"귀 있는 자는 성령이 교회들에게 하시는 말씀을 들을지어다 이기는 그에게는 내가 하나님의 낙원에 있는 생명나무의 열매를 주어 먹게 하리라"(계 2:7)

여섯째, 환난과 고난 가운데에도 예수님과 바른 관계를 맺어야 합니다.

"내가 네 환난과 궁핍을 알거니와 실상은 네가 부요한 자니라 자칭 유대인이라 하는 자들의 비방도 알거니와 실상은 유대인이 아니요 사탄의 회당이라"(계 2:9)

일곱째, 고난을 두려워하지 말고 죽기까지 신실해야 합니다.

"너는 장차 받을 고난을 두려워하지 말라 볼지어다 마귀가 장차 너희 가운데에서 몇 사람을 옥에 던져 시험을 받게 하리니 너희가 십 일 동안 환난을 받으리라 네가 죽도록 충성하라 그리하면 내가 생명의 관을 네게 주리라"(계 2:10)

여덟째, 예수님 이름인 예수님의 성호와 속성과 사역과 말씀을 굳게 잡고 높여야 합니다.

"네가 어디에 사는지를 내가 아노니 거기는 사탄의 권좌가 있는 데라 네가 내 이름을 굳게 잡아서"(계 2:13상)

아홉째, 증인의 사명을 신실하게 감당해야 합니다.

"내 충성된 증인 안디바가 너희 가운데 곧 사탄이 사는 곳에서 죽임을 당할 때에도 나를 믿는 믿음을 저버리지 아니하였도다"(계 2:13하)

열번째, 사랑과 신실과 섬김과 인내가 날마다 자라가고 성숙해져야 합니다.

"내가 네 사업과 사랑과 믿음과 섬김과 인내를 아노니 네 나중 행위가 처음 것보다 많도다"(계 2:19)

열 한 번째, 복음을 굳게 잡아야 합니다.

"두아디라에 남아 있어 이 교훈을 받지 아니하고 소위 사탄의 깊은 것을 알지 못하는 너희에게 말하노니 다른 짐으로 너희에게 지울 것은 없노라 다만 너희에게 있는 것을 내가 올 때까지 굳게 잡으라"(계 2:24~25)

교회의 머리이신 예수님 말씀에 순종하는 교회와 그 지체들인 성도들에게 주어지는 상급은?

첫째, 영원한 생명입니다.

"귀 있는 자는 성령이 교회들에게 하시는 말씀을 들을지어다 이기는 그에게는 내가 하나님의 낙원에 있는 생명나무의 열매를 주어 먹게 하리라"(계 2:7)

"네가 죽도록 충성하라 그리하면 내가 생명의 관을 네게 주리라 귀 있는 자는 성령이 교회들에게 하시는 말씀을 들을지어다 이기는 자는 둘째 사망의 해를 받지 아니하리라"(계 2:10하~11)

"귀 있는 자는 성령이 교회들에게 하시는 말씀을 들을지어다 이기는 그에게는 내가 감추었던 만나를 주고 또 흰 돌을 줄 터인데"(계 2:17상)

둘째, 성도의 이름입니다

"그 돌 위에 새 이름을 기록한 것이 있나니 받는 자 밖에는 그 이름을 알 사람이 없느니라"(계 2:17하)

셋째, 예수님의 다스림에 참여 되고 예수님 나라의 권세를 공유하게 됩니다.

"이기는 자와 끝까지 내 일을 지키는 그에게 만국을 다스리는 권세를 주리니 그가 철장을 가지고 그들을 다스려 질그릇 깨뜨리는 것과 같이 하리라 나도 내 아버지께 받은 것이 그러하니라 내가 또 그에게 새벽 별을 주리라"(계 2:26~28)

예수 그리스도의 몸된 교회와 그 지체인 성도들의 위치는 예수님 말씀에 순종하는 위치입니다.

"귀 있는 자는 성령이 교회들에게 하시는 말씀을 들을지어다"(계 2:29)

그러므로 성삼위 하나님의 은혜로 예수님 말씀에 순종하며 하나님을 영화롭게 하는 우리 모두가 되기를 기도합니다.

요한계시록 3장 1절

"사데 교회의 사자에게 편지하라 하나님의 일곱 영과 일곱 별을 가지신 이가 이르시되 내가 네 행위를 아노니 네가 살았다 하는 이름은 가졌으나 죽은 자로다"(개역개정판)

"그리고 너는 그 사데에 있는 교회의 그 천사에게 쓰라. 그 하나님의 그 일곱 영과 그 일곱 별을 가지고 계신 분이 이같이 말씀하신다. 나는 알고 있다. 너의 행위들을 곧 네가 살아있다 하는 이름은 가졌다. 그러나 너는 죽었다"(원문직역)

요한계시록 3장은 교회 머리이신 예수님께서 소아시아에 있는 일곱 교회 중 나머지 세 교회에게 주시는 말씀입니다.

예수 그리스도의 몸된 교회와 그 지체인 성도들은?

첫째, 내적인 신령한 생명이 살아있어야 합니다.

"사데 교회의 사자에게 편지하라 하나님의 일곱 영과 일곱 별을 가지신 이가 이르시되 내가 네 행위를 아노니 네가 살았다 하는 이름은 가졌으나 죽은 자로다"(계 3:1)

둘째, 내적인 신령한 생명을 일깨워서 회복해야 합니다.

"너는 일깨어"(계 3:2상)

셋째, 남아있는 연약한 성도들에게 신령한 생명의 말씀을 공급해야 합니다.

"그 남은 바 죽게 된 것을 굳건하게 하라"(계 3:2중)

넷째, 교리적 성결과 도덕적 성결의 삶을 살아야 합니다.

"내 하나님 앞에 네 행위의 온전한 것을 찾지 못하였노니"(계 3:2하)

다섯째, 예수님과의 바른 관계를 맺기 위해 회개해야 합니다.

"그러므로 네가 어떻게 받았으며 어떻게 들었는지 생각하고 지켜 회개하라 만일 일깨지 아니하면 내가 도둑 같이 이르리니 어느 때에 네게 이를는지 네가 알지 못하리라"(계 3:3)

"무릇 내가 사랑하는 자를 책망하여 징계하노니 그러므로 네가 열심을 내라 회개하라"(계 3:19)

여섯째, 그리스도인의 옷인 칭의와 성화의 옷을 입고 예수님과 동행해야 합니다.

"그러나 사데에 그 옷을 더럽히지 아니한 자 몇 명이 네게 있어 흰 옷을 입고 나와 함께 다니리니 그들은 합당한 자인 연고라"(계 3:4)

일곱째, 예수님 말씀에 순종하고 예수님 이름을 높여야 합니다.(계 3:7~10)

"볼지어다 내가 네 앞에 열린 문을 두었으되 능히 닫을 사람이 없으리라 내가 네 행위를 아노니 네가 작은 능력을 가지고서도 내 말을 지키며 내 이름을 배반하지 아니하였도다"(계 3:8)

"네가 나의 인내의 말씀을 지켰은즉 내가 또한 너를 지켜 시험의 때를 면하게 하리니 이는 장차 온 세상에 임하여 땅에 거하는 자들을 시험할 때라"(계 3:10)

여덟째, 바른 복음의 진리를 굳게 잡아야 합니다.

"내가 속히 오리니 네가 가진 것을 굳게 잡아 아무도 네 면류관을 빼앗지 못하게 하라"(계 3:11)

아홉째, 하나님께 영광 돌리고 사람들에게 유익된 존재가 되어야 합니다.(계 3:14~16)

"네가 이같이 미지근하여 뜨겁지도 아니하고 차지도 아니하니 내 입에서 너를 토하여 버리리라"(계 3:16)

열 번째, 연약하고 나약하고 무능력하고 무지한 존재임을 알아야 합니다.

"네가 말하기를 나는 부자라 부요하여 부족한 것이 없다 하나 네 곤고한 것과 가련한 것과 가난한 것과 눈 먼 것과 벌거벗은 것을 알지 못하는도다"(계 3:17)

열 한 번째, 예수님을 통해 성령님의 능력으로 믿음을 회복해야 합니다.

"내가 너를 권하노니 내게서 불로 연단한 금을 사서 부요하게 하고"(계 3:18상)

열 두 번째, 칭의와 성화의 옷을 입어야 합니다.

"흰 옷을 사서 입어 벌거벗은 수치를 보이지 않게 하고"(계 3:18중)

열 세 번째, 성령님과 말씀으로 삼위일체 하나님과 예수님을 올바로 알아야 합니다.

"안약을 사서 눈에 발라 보게 하라"(계 3:18하)

열 네 번째, 마음의 문을 열고 예수님의 임재와 사귐의 은총을 누려야 합니다.

"볼지어다 내가 문 밖에 서서 두드리노니 누구든지 내 음성을 듣고 문을 열면 내가 그에게로 들어가 그와 더불어 먹고 그는 나와 더불어 먹으리라"(계 3:20)

하나님 말씀에 순종하는 예수 그리스도의 몸된 교회와 그 지체된 성도들에게 주시는 상급은?

첫째, 성도로 인정되는 것입니다.

"이기는 자는 이와 같이 흰 옷을 입을 것이요"(계 3:5상)

둘째, 하나님 백성으로 인정되는 것입니다.

"내가 그 이름을 생명책에서 결코 지우지 아니하고 그 이름을 내 아버지 앞과 그의 천사들 앞에서 시인하리라"(계 3:5하)

셋째, 하나님 나라 안에 속하는 사람이 되는 것입니다.

"이기는 자는 내 하나님 성전에 기둥이 되게 하리니 그가 결코 다시 나가지 아니하리라"(계 3:12상)

넷째, 하나님 소유가 되는 것과 완성될 예수 그리스도의 몸된 교회의 지체가 되는 것입니다.

"내가 하나님의 이름과 하나님의 성 곧 하늘에서 내 하나님께로부터 내려오는 새 예루살렘의 이름과 나의 새 이름을 그이 위에 기록하리라"(계 3:12하)

다섯째, 예수님과 더불어 예수님의 보좌에 함께 앉아 함께 왕노릇하는 것입니다.

"이기는 그에게는 내가 내 보좌에 함께 앉게 하여 주기를 내가 이기고 아버지 보좌에 함께 앉은 것과 같이 하리라"(계 3:21)

지각이 있는 사람들은 성령님께서 교회들에게 하시는 말씀을 순종합니다.

"귀 있는 자는 성령이 교회들에게 하시는 말씀을 들을지어다"(계 3:22)

그러므로 성삼위 하나님의 은혜로 하나님 말씀에 순종하며 하나님을 영화롭게 하는 우리 모두가 되기를 기도합니다.

요한계시록 4장 3절

"앉으신 이의 모양이 벽옥과 홍보석 같고 또 무지개가 있어 보좌에 둘렸는데 그 모양이 녹보석 같더라"(개역개정판)

"그리고 그 앉아계신 분은 그 보임에 있어서 벽옥과 홍보석 같다. 그리고 그 보임에 있어서 녹보석 같은 그 보좌 주위에 무지개가 둘려 있다"(원문직역)

요한계시록 4장은 요한이 성령님의 감동으로 본 하늘 보좌에 앉으신 하나님의 속성과 하늘 보좌와 보좌 주위에 있는 네 생물과 이십 사 장로들의 찬양과 경배가 기록되어 있습니다.

요한이 성령님의 임재와 인도로 일어난 하늘 환상 체험은 단순한 신비한 체험이 아니라 삼위일체 하나님의 구속 경륜의 계시를 드러내기 위한 체험입니다.

교회의 비상 직원인 요한의 하늘 환상 체험으로 종말론인 요한 계시록이 기록되었으므로 이러한 하늘 환상 체험은 그 누구에게도 다시는 재현될 수 없는 단회적 요소를 가진 환상 체험입니다.

"이 일 후에 내가 보니 하늘에 열린 문이 있는데 내가 들은 바 처음에 내게 말하던 나팔 소리 같은 그 음성이 이르되 이리로 올라오라 이 후에 마땅히 일어날 일들을 내가 네게 보이리라 하시더라 내가 곧 성령에 감동되었더니"(계 4:1~2상)

성령님의 임재와 인도로 본 하늘 보좌에 앉으신 하나님의 속성은?

"보라 하늘에 보좌를 베풀었고 그 보좌 위에 앉으신 이가 있는데"(계 4:2하)

첫째, 거룩하심과 성결하심입니다.

"앉으신 이의 모양이 벽옥과"(계 4:3상)

둘째, 의로우심입니다.

"홍보석 같고"(계 4:3상)

셋째, 언약을 신실하게 이행하시는 신실하심입니다.

"또 무지개가 있어 보좌에 둘렸는데"(계 4:3하)

넷째, 은혜와 사랑과 자비와 긍휼하심입니다.

"그 모양이 녹보석 같더라"(계 4:3하)

하늘 보좌는?

첫째, 영광의 보좌입니다.

"내가 곧 성령에 감동되었더니 보라 하늘에 보좌를 베풀었고 그 보좌 위에 앉으신 이가 있는데"(계 4:2)

둘째, 은혜의 보좌입니다.

"또 무지개가 있어 보좌에 둘렸는데 그 모양이 녹보석 같더라"(계 4:3하)

셋째, 통치와 심판의 보좌입니다.

"보좌로부터 번개와 음성과 우렛소리가 나고 보좌 앞에 켠 등불 일곱이 있으니 이

는 하나님의 일곱 영이라"(계 4:5)

넷째, 의와 거룩과 성결의 보좌입니다.

"보좌 앞에 수정과 같은 유리 바다가 있고"(계 4:6상)

보좌 주위에는 네 생물들이 있습니다.

"보좌 가운데와 보좌 주위에 네 생물이 있는데 앞뒤에 눈들이 가득하더라"(계 4:6하)

네 생물은?

첫째, 모든 짐승을 대표합니다.

"그 첫째 생물은 사자 같고"(계 4:7상)

둘째, 모든 가축을 대표합니다.

"그 둘째 생물은 송아지 같고"(계 4:7하)

셋째, 만물의 영장인 사람을 대표합니다.

"그 셋째 생물은 얼굴이 사람 같고"(계 4:7하)

넷째, 모든 날 짐승을 대표합니다.

"그 넷째 생물은 날아가는 독수리 같은데"(계 4:7하)

※네 생물은 모든 만물을 대표하는 천상적 존재입니다.

이십 사 장로는 모든 영광을 하나님께 드립니다.

"이십사 장로들이 보좌에 앉으신 이 앞에 엎드려 세세토록 살아 계시는 이에게 경배하고 자기의 관을 보좌 앞에 드리며 이르되"(계 4:10)

※ 이십 사 장로는 구약의 열 두 지파와 신약의 열 두 사도를 대표하는 교회 공동체인 하나의 거룩한 공교회를 대표하는 천상적 존재입니다.

네 생물의 찬양과 경배는 하나님의 존재와 하나님의 본질에 대한 찬양입니다.

"네 생물은 각각 여섯 날개를 가졌고 그 안과 주위에는 눈들이 가득하더라 그들이 밤낮 쉬지 않고 이르기를 거룩하다 거룩하다 거룩하다 주 하나님 곧 전능하신 이여 전에도 계셨고 이제도 계시고 장차 오실 이시라 하고 그 생물들이 보좌에 앉으사 세세토록 살아 계시는 이에게 영광과 존귀와 감사를 돌릴 때에"(계 4:8~9)

이십 사 장로의 찬양과 경배는 하나님의 창조와 새 창조와 새 창조의 완성에 대한 찬양입니다.

"우리 주 하나님이여 영광과 존귀와 권능을 받으시는 것이 합당하오니 주께서 만물을 지으신지라 만물이 주의 뜻대로 있었고 또 지으심을 받았나이다 하더라"(계 4:11)

모든 만물을 대표하는 네 생물과 모든 교회를 대표하는 이십 사 장로의 찬양과 경배는 사람의 제일 되고 가장 높은 목적을 가르쳐 줍니다.

"사람의 제일 되고 가장 높은 목적은 하나님을 영화롭게 하고 그만을 영원토록 온전히 즐거워하는 것입니다"(대요리문답 제 1문)

사람의 제일 되고 가장 높은 목적이 삶의 목표가 되고 가치가 되고 의미가 되고 명제가 되고 기쁨과 즐거움이 되고 행복이 되는 사람은 창조와 새 창조와 새창조 완성의 질서 안에서 살아가는 복 있는 사람입니다.

그러므로 성삼위 하나님의 은혜로 복 받은 사람의 위치에서 살아가며 하나님을 영화롭게 하는 우리 모두가 되기를 기도합니다.

요한계시록 5장 6절

"내가 또 보니 보좌와 네 생물과 장로들 사이에 한 어린 양이 서 있는데 일찍이 죽임을 당한 것 같더라 그에게 일곱 뿔과 일곱 눈이 있으니 이 눈들은 온 땅에 보내심을 받은 하나님의 일곱 영이더라"(개역개정판)

"그리고 내가 보았다. 그 보좌와 네 생물과 그 장로들 가운데 죽임을 당한 것 같은 어린 양이 서 있는 것을 일곱 뿔과 일곱 눈을 가지고 있으면서 (이 눈들은) 모든 그 땅으로 보내심을 받은 하나님의 (일곱) 영이시다"(원문직역)

요한계시록 5장은 유다 지파의 사자이며 다윗의 뿌리인 예수 그리스도에 대한 말씀이 기록되어 있습니다.

> "장로 중의 한 사람이 내게 말하되 울지 말라 유대 지파의 사자 다윗의 뿌리가"(계 5:5상)

메시야이신 예수 그리스도는?

첫째, 하나님의 완전하시고 거룩하신 경륜의 뜻을 실행하시고 성취하시고 완성하시는 분입니다.(계 5:1~5, 7~8)

> "장로 중의 한 사람이 내게 말하되 울지 말라 유대 지파의 사자 다윗의 뿌리가 이겼으니 그 두루마리와 그 일곱 인을 떼시리라 하더라"(계 5:5)
> "그 어린 양이 나아와서 보좌에 앉으신 이의 오른손에서 두루마리를 취하시니라 그 두루마리를 취하시매 네 생물과 이십사 장로들이 그 어린 양 앞에 엎드려 각각 거문고와 향이 가득한 금 대접을 가졌으니 이 향은 성도의 기도들이라"(계 5:7~8)

둘째, 십자가 대속 사역을 담당하시고 부활 승천하셔서 우주의 중심 보좌에 계신 분입니다.

> "내가 또 보니 보좌와 네 생물과 장로들 사이에 한 어린 양이 서 있는데 일찍이 죽임을 당한 것 같더라"(계 5:6상)

셋째, 절대적이고 완전한 권세와 능력으로 온전한 승리를 하시는 분입니다.

> "그에게 일곱 뿔과"(계 5:6중)

넷째, 하나님의 영이시고 자신의 영이신 성령님을 보내시고 성령님을 통하여 복음을 가지시고 하나님 나라를 완성하시는 분입니다.

> "일곱 눈이 있으니 이 눈들은 온 땅에 보내심을 받은 하나님의 일곱 영이더라"(계 5:6하)

다섯째, 죄와 사탄의 종이었던 사람들을 십자가의 피로 죄값을 지불하고 사셔서 하나님의 소유가 되게 하신 분입니다.

> "그들이 새 노래를 불러 이르되 두루마리를 가지시고 그 인봉을 떼기에 합당하시도다 일찍이 죽임을 당하사 각 족속과 방언과 백성과 나라 가운데에서 사람들을 피로 사서 하나님께 드리시고"(계 5:9)

여섯째, 피로 값주고 사셔서 하나님의 소유가 되게 한 사람들을 하나님 나라의 제사장으로 삼으셔서 하나님의 거룩한 사역에 참여시키시는 분입니다.

> "그들로 우리 하나님 앞에서 나라와 제사장들을 삼으셨으니 그들이 땅에서 왕 노릇 하리로다 하더라"(계 5:9)

일곱째, 하나님 나라의 왕과 중심으로서 경배를 받으시기에 합당하신 분입니다.

> "내가 또 보고 들으매 보좌와 생물들과 장로들을 둘러 선 많은 천사의 음성이 있으니 그 수가 만만이요 천천이라 큰 음성으로 이르되 죽임을 당하신 어린 양은 능력과 부와 지혜와 힘과 존귀와 영광과 찬송을 받으시기에 합당하도다 하더라"(계 5:11~12)

여덟째, 하나님과 동등한 위치에서 모든 피조물에게 찬양과 경배를 받으시는 분입니다.

> "내가 또 들으니 하늘 위에와 땅 위에와 땅 아래와 바다 위에와 또 그 가운데 모든 피조물이 이르되 보좌에 앉으신 이와 어린 양에게 찬송과 존귀와 영광과 권능을 세세토록 돌릴지어다 하니 네 생물이 이르되 아멘 하고 장로들은 엎드려 경배하더라"(계 5:13~14)

예수님은 영원전에 작정된 하나님의 선하시고 자유로우시고 기쁘신 뜻을 실행하시고 성취하시고 완성하시는 분입니다.

하나님과 동등한 위치에 계신 예수님은 하나님 나라의 왕과 중심이시고 교회의 머리와 우리의 주인이시며 믿음과 경배와 찬양의 대상입니다.

그러므로 성삼위 하나님의 은혜로 예수 그리스도를 더욱 더 사랑하고 경배와 찬양을 드리며 하나님을 영화롭게 하는 우리 모두가 되기를 기도합니다.

요한계시록 6장 1절

"내가 보매 어린 양이 일곱 인 중의 하나를 떼시는데 그 때에 내가 들으니 네 생물 중의 하나가 우렛소리 같이 말하되 오라 하기로"(개역개정판)

"그리고 그 어린 양께서 그 일곱 봉인 중 하나를 여실 때에 나는 보았다. 그리고 나는 그 네 생물 중 하나가 우뢰의 소리같이 말하는 것을 들었다. 너는 오라"(원문직역)

요한계시록 6장은 하나님의 어린 양이신 예수 그리스도께서 일곱 인을 여시는 것 중에 여섯개의 인을 여시는 것을 기록하고 있습니다.

일곱 개의 인 심판은 종말시대인 예수 그리스도의 초림과 재림 사이에 있는 심판입니다.

일곱 개의 인 심판은 하나님 나라 백성들의 구원을 위한 심판이며 창조 질서의 회복을 위한 심판입니다.

일곱 개의 인 심판 중에 여섯 개의 인 심판의 의미는?

첫째 인은 예수님의 초림으로 도래된 복음으로 이기는 심판입니다.

"내가 보매 어린 양이 일곱 인 중의 하나를 떼시는데 그 때에 내가 들으니 네 생물 중의 하나가 우렛소리 같이 말하되 오라 하기로 이에 내가 보니 흰 말이 있는데 그 탄 자가 활을 가졌고 면류관을 받고 나아가서 이기고 또 이기려고 하더라"(계 6:1~2)

둘째 인은 전쟁으로 인한 피흘림의 심판입니다.

"둘째 인을 떼실 때에 내가 들으니 둘째 생물이 말하되 오라 하니 이에 다른 붉은 말이 나오더라 그 탄 자가 허락을 받아 땅에서 화평을 제하여 버리며 서로 죽이게 하고 또 큰 칼을 받았더라"(계 6:3~4)

셋째 인은 극단적 상태의 기근 심판입니다.

"셋째 인을 떼실 때에 내가 들으니 셋째 생물이 말하되 오라 하기로 내가 보니 검은 말이 나오는데 그 탄 자가 손에 저울을 가졌더라 내가 네 생물 사이로부터 나는 듯한 음성을 들으니 이르되 한 데나리온에 밀 한 되요 한 데나리온에 보리 석 되로다 또 감람유와 포도주는 해치지 말라 하더라"(계 6:5~6)

넷째 인은 첫째 인의 심판과 둘째 인의 심판과 셋째 인의 심판을 요약한 사망과 음부의 심판입니다.

"넷째 인을 떼실 때에 내가 넷째 생물의 음성을 들으니 말하되 오라 하기로 내가 보매 청황색 말이 나오는데 그 탄 자의 이름은 사망이니 음부가 그 뒤를 따르더라 그들이 땅 사분의 일의 권세를 얻어 검과 흉년과 사망과 땅의 짐승들로써 죽이더라"(계 6:7~8)

다섯째 인은 순교자들의 기도입니다.

"다섯째 인을 떼실 때에 내가 보니 하나님의 말씀과 그들이 가진 증거로 말미암아 죽임을 당한 영혼들이 제단 아래에 있어 큰 소리로 불러 이르되 거룩하고 참되신 대주재여 땅에 거하는 자들을 심판하여 우리 피를 갚아 주지 아니하시기를 어느 때까지 하시려 하나이까 하니 각각 그들에게 흰 두루마기를 주시며 이르시되 아직 잠시 동안 쉬되 그들의 동무 종들과 형제들도 자기처럼 죽임을 당하여 그 수가 차기까지 하라 하시더라"(계 6:9~11)

여섯째 인은 우주적 붕괴의 심판입니다.

"하늘의 별들이 무화과나무가 대풍에 흔들려 설익은 열매가 떨어지는 것 같이 땅에 떨어지며 하늘은 두루마리가 말리는 것 같이 떠나가고 각 산과 섬이 제 자리에

서 옮겨지매"(계 6:12~14)

심판의 대상은 영원한 말씀이신 예수 그리스도를 거부하는 세상의 기득권자들과 삼위일체 하나님 알기를 거부하는 세상의 모든 자들입니다.

"땅의 임금들과 왕족들과 장군들과 부자들과 강한 자들과 모든 종과 자유인이 굴과 산들의 바위 틈에 숨어 산들과 바위에게 말하되 우리 위에 떨어져 보좌에 앉으신 이의 얼굴에서와 그 어린 양의 진노에서 우리를 가리라 그들의 진노의 큰 날이 이르렀으니 누가 능히 서리요 하더라"(계 6:15~17)

그러므로 성삼위 하나님의 은혜로 복음의 핵심인 예수 그리스도를 사랑하며 예배의 용어이며 찬양과 기도의 용어인 삼위일체 하나님을 아는 거룩한 지식으로 삼위일체 하나님과 인격적 사귐을 가지며 하나님을 영화롭게 하는 우리 모두가 되기를 기도합니다.

요한계시록 7장 1절

"이 일 후에 내가 네 천사가 땅 네 모퉁이에 선 것을 보니 땅의 사방의 바람을 붙잡아 바람으로 하여금 땅에나 바다에나 각종 나무에 불지 못하게 하더라"(개역개정판)

"이 후에 나는 그 땅의 네 모퉁이에 서 있는 네 천사를 보았다. 그 땅의 네 바람들을 붙잡고 있는 바람이 그 땅에나 그 바다에나 모든 나무에 불지 않도록"(원문직역)

요한계시록 7장은 여섯 번째 인 심판과 일곱 번째 인 심판 사이에 삽입된 기록의 말씀입니다.

요한계시록 7장은 두 부분으로 구성되어 있습니다.

첫째는 1절부터 8절 까지는 지상교회에 대한 말씀이고 9절부터 17절 까지는 천상 교회에 대한 말씀입니다.

십사만 사천은 지상 교회를 표상합니다.

"내가 인침을 받은 자의 수를 들으니 이스라엘 자손의 각 지파 중에서 인침을 받은 자들이 십사만 사천이니"(계 7:4)

십사만 사천은 12×12×1000입니다.

십사만 사천의 의미를 가지고 있는 지상 교회는?

첫째, 심판으로부터 보호 받는 사람들의 모임입니다.

"이 일 후에 내가 네 천사가 땅 네 모퉁이에 선 것을 보니 땅의 사방의 바람을 붙잡아 바람으로 하여금 땅에나 바다에나 각종 나무에 불지 못하게 하더라 또 보매 다른 천사가 살아 계신 하나님의 인을 가지고 해 돋는 데로부터 올라와서 땅과 바다를 해롭게 할 권세를 받은 네 천사를 향하여 큰 소리로 외쳐 이르되 우리가 우리 하나님의 종들의 이마에 인치기까지 땅이나 바다나 나무들을 해하지 말라 하더라"(계 7:1~3)

둘째, 하나님의 소유로 인 맞은 사람들의 모임입니다.

"내가 인침을 받은 자의 수를 들으니"(계 7:4상)

셋째, 구약의 열 두지파(구약 교회)와 신약의 열 두제자(신약 교회)를 포괄하는 충분하고 완전한 수의 사람들의 모임입니다.

"이스라엘 자손의 각 지파 중에서 인침을 받은 자들이 십사만 사천이니"(계 7:4하)

넷째, 영적 전쟁을 치루는 전투하는 사람들의 모임입니다.(계 7:5~8)

"유다 지파 중에 인침을 받은 자가 일만 이천이요 르우벤 지파 중에 일만 이천이요 갓 지파 중에 일만 이천이요"(계 7:5)

천상 교회는 지상교회에서 사명을 마치고 안식을 누리는 큰 무리들의 모임입니다.

"이 일 후에 내가 보니 각 나라와 족속과 백성과 방언에서 아무도 능히 셀 수 없는 큰 무리가"(계 7:9상)

천상 교회인 큰 무리들의 모임은?

첫째, 하나님의 승리를 기뻐합니다.

"나와 흰 옷을 입고 손에 종려 가지를 들고"(계 7:9중)

둘째, 보좌에 앉으신 하나님과 어린 양이신 예수님 앞에서 구원이 하나님과 예수님에게 있다는 것을 찬양합니다.

"보좌 앞과 어린 양 앞에 서서 큰 소리로 외쳐 이르되 구원하심이 보좌에 앉으신 우리 하나님과 어린 양에게 있도다 하니" (계 7:9상~10)

셋째, 모든 천사들이 화답하는 찬양을 합니다.

"모든 천사가 보좌와 장로들과 네 생물의 주위에 서 있다가 보좌 앞에 엎드려 얼굴을 대고 하나님께 경배하여 이르되 아멘 찬송과 영광과 지혜와 감사와 존귀와 권능과 힘이 우리 하나님께 세세토록 있을지어다 아멘 하더라"(계 7:11~12)

넷째, 흰 옷 입은 승리한 자들입니다.

"장로 중 하나가 응답하여 나에게 이르되 이 흰 옷 입은 자들이 누구며 또 어디서 왔느냐"(계 7:13)

다섯째, 큰 환난에서 승리하고 큰 환난에서 분리된 자들입니다.

"내가 말하기를 내 주여 당신이 아시나이다 하니 그가 나에게 이르되 이는 큰 환난에서 나오는 자들인데"(계 7:14상)

여섯째, 예수님께서 십자가에서 흘리신 보혈로 승리한 무리들입니다.

"어린 양의 피에 그 옷을 씻어 희게 하였느니라"(계 7:14하)

일곱째, 하나님 보좌 앞에서 끊임없이 예배합니다.

"그러므로 그들이 하나님의 보좌 앞에 있고 또 그의 성전에서 밤낮 하나님을 섬기매"(계 7:15상)

여덟째, 하나님께서 그들 가운데 거하십니다.

"보좌에 앉으신 이가 그들 위에 장막을 치시리니"(계 7:15하)

아홉째, 어린 양이신 예수님의 은총가운데 거합니다.

"그들이 다시는 주리지도 아니하며 목마르지도 아니하고 해나 아무 뜨거운 기운에 상하지도 아니하리니 이는 보좌 가운데에 계신 어린 양이 그들의 목자가 되사 생명수 샘으로 인도하시고 하나님께서 그들의 눈에서 모든 눈물을 씻어 주실 것임이라"(계 7:16~17)

지상 교회는 죄와 세상과 사탄과 영적 전쟁을 치루며 승리의 찬양을 부르고 천상 교회는 예수님의 십자가 보혈로 승리한 성도들이 끊임없이 삼위일체 하나님과 예수님의 구원을 찬양하고 경배합니다.

지상 교회와 천상 교회는 구분할 수 있으나 분리될 수 없는 하나의 거룩한 공교회입니다.

그러므로 성삼위 하나님의 은혜로 승리의 찬양과 구원의 찬양을 드리며 하나님을 영화롭게 하는 우리 모두가 되기를 기도합니다.

요한계시록 8장 1절

"일곱째 인을 떼실 때에 하늘이 반 시간쯤 고요하더니"(개역개정판)

"그리고 그분께서 그 일곱째의 그 인을 여실 때에 그 하늘에서 반 시간 같은 침묵이 있었다"(원문직역)

요한계시록 8장은 일곱째 인과 일곱 나팔 심판 중 첫째 나팔 심판부터 넷째 나팔 심판이 기록되어 있습니다.

일곱째 인은 일곱 나팔 심판의 시작을 읽을 마음의 준비를 하게 합니다.

"일곱째 인을 떼실 때에 하늘이 반 시간쯤 고요하더니"(계 8:1)

일곱 나팔 심판은 성도들의 기도 응답과 성도들의 구원과 세상에 대한 심판이 동시에 발생하고 있습니다.

"내가 보매 하나님 앞에 일곱 천사가 서 있어 일곱 나팔을 받았더라 또 다른 천사가 와서 제단 곁에 서서 금 향로를 가지고 많은 향을 받았으니 이는 모든 성도의 기도와 합하여 보좌 앞 금 제단에 드리고자 함이라 향연이 성도의 기도와 함께 천사의 손으로부터 하나님 앞으로 올라가는지라 천사가 향로를 가지고 제단의 불을 담아다가 땅에 쏟으매 우레와 음성과 번개와 지진이 나더라"(계 8:2~5)

8장에 나타나는 네개의 나팔심판은 자연계에 임하는 심판에 대한 은유적 표현입니다.

첫째 나팔 심판은 우박과 피로 섞여진 불이 생겨나서 땅에 쏟아지고 땅 삼분의 일과 수목 삼분의 일이 타고 모든 풀이 태워지는 재앙입니다.

> "첫째 천사가 나팔을 부니 피 섞인 우박과 불이 나와서 땅에 쏟아지매 땅의 삼분의 일이 타 버리고 수목의 삼분의 일도 타 버리고 각종 푸른 풀도타 버렸더라"(계 8:7)

첫째 나팔 심판은 기근 심판에 대한 은유적 표현입니다.

둘째 나팔 심판은 불로 말미암아 타는 큰 산 같은 것이 바다로 던져져 바다 삼분의 일이 피가 되고 바다 생물의 삼분의 일이 죽고 배들의 삼분의 일이 파괴되는 재앙입니다.

> "둘째 천사가 나팔을 부니 불 붙는 큰 산과 같은 것이 바다에 던져지매 바다의 삼분의 일이 피가 되고 바다 가운데 생명 가진 피조물들의 삼분의 일이 죽고 배들의 삼분의 일이 깨지더라"(계 8:8~9)

둘째 나팔 심판은 바벨론 제국이 표상하는 세상 나라 심판에 대한 은유적 표현입니다.

셋째 나팔 심판은 횃불같이 타는 큰 별이 강들의 삼분의 일과 물의 샘들에 떨어져 물들의 삼분이 일이 쑥처럼 쓰게 되고 많은 사람이 죽는 재앙입니다.

> "셋째 천사가 나팔을 부니 횃불 같이 타는 큰 별이 하늘에서 떨어져 강들의 삼분의 일과 여러 물샘에 떨어지니 이 별 이름은 쓴 쑥이라 물의 삼분의 일이 쓴 쑥이 되매 그 물이 쓴 물이 되므로 많은 사람이 죽더라"(계 8:10~11)

셋째 나팔 심판은 쓰라린 고통과 죽음에 대한 은유적 표현입니다.

넷째 나팔 심판은 해와 달과 별들의 삼분의 일이 타격받는 재앙입니다.

"넷째 천사가 나팔을 부니 해 삼분의 일과 달 삼분의 일과 별들의 삼분의 일이 타격을 받아 그 삼분의 일이 어두워지니 낮 삼분의 일은 비추임이 없고 밤도 그러하더라"(계 8:12)

창조질서 파괴의 은유적 표현입니다.

남아있는 세개의 나팔 심판과 심판의 대상은 예수 그리스도의 몸된 교회와 그 지체인 성도들이 아니라 세상입니다.

"내가 또 보고 들으니 공중에 날아가는 독수리가 큰 소리로 이르되 땅에 사는 자들에게 화, 화, 화가 있으리니 이는 세 천사들이 불어야 할 나팔 소리가 남아 있음이로다 하더라"(계 8:13)

예수님의 대속 사역의 은총가운데 거하지 않는 자들은 어느 누구도 심판에서 자유로울수가 없습니다.

"하나님이 그 아들을 세상에 보내신 것은 세상을 심판하려 하심이 아니요 그로 말미암아 세상이 구원을 받게 하려 하심이라 그를 믿는 자는 심판을 받지 아니하는 것이요 믿지 아니하는 자는 하나님의 독생자의 이름을 믿지 아니하므로 벌써 심판을 받은 것이니라"(요 3:17~18)

인 심판의 사분의 일이 나팔 심판에서 삼분의 일로 확대 되는 것은 심판이 점점 강화된다는 것을 의미하며 이렇게 강화되는 심판은 대접 심판까지 이어집니다.

"내가 보매 청황색 말이 나오는데 그 탄 자의 이름은 사망이니 음부가 그 뒤를 따르더라 그들이 땅 사분의 일의 권세를 얻어 검과 흉년과 사망과 땅의 짐승들로써 죽이더라"(계 6:8)

구원과 심판은 동전의 양면과 같습니다.

창조 질서의 파괴는 창조 질서의 회복인 성도들의 구원을 위한 하나님의 심판입니다.

그러므로 성삼위 하나님의 은혜로 심판을 통해 구원을 바라보며 하나님을 영화롭게 하는 우리 모두가 되기를 기도합니다.

요한계시록 9장 1절

"다섯째 천사가 나팔을 불매 내가 보니 하늘에서 땅에 떨어진 별 하나가 있는데 그가 무저갱의 열쇠를 받았더라"(개역개정판)

"그리고 그 다섯째 천사가 나팔 불었다. 그리고 나는 그 하늘로부터 그 땅으로 떨어져 있는 별을 보았다. 그리고 그에게 그 아뷔쏘스(무저갱, 깊음, 심연)의 그 입구의 그 열쇠가 주어졌다"(원문직역)

요한계시록 9장은 일곱 나팔 심판 중 다섯째 나팔 심판과 여섯째 나팔 심판이 기록되어 있습니다.

다섯째 나팔 심판은?

첫째, 하나님께서 하늘에서 떨어진 타락한 천사를 심판의 도구로 사용하십니다.

"다섯째 천사가 나팔을 불매 내가 보니 하늘에서 땅에 떨어진 별 하나가 있는데 그가 무저갱의 열쇠를 받았더라"(계 9:1)

둘째, 타락한 천사가 아뷔쏘스(무저갱)의 문을 엽니다.

"그가 무저갱을 여니 그 구멍에서 큰 화덕의 연기 같은 연기가 올라오매 해와 공기가 그 구멍의 연기로 말미암아어두워지며"(계 9:2)

아뷔쏘스에서 올라오는 어두움은 단순한 어두움이 아닌 혼돈과 공허의 상태에 이르는 어두움입니다.

셋째, 아뷔쏘스의 문을 연 이후에 황충들이 그 입구의 연기로부터 나옵니다.

> "또 황충이 연기 가운데로부터 땅 위에 나오매 그들이 땅에 있는 전갈의 권세와 같은 권세를 받았더라 그들에게 이르시되 땅의 풀이나 푸른 것이나 각종 수목은 해하지 말고"(계 9:3~4상)

황충들은 인간에 대한 심판의 도구로 마귀적 속성을 지닌 상징적 존재입니다.

넷째, 황충들은 사탄에게 속한 자들을 사탄의 파괴적 속성으로 죽음보다 더 무서운 고통으로 심판합니다.

> "오직 이마에 하나님의 인침을 받지 아니한 사람들만 해하라 하시더라 그러나 그들을 죽이지는 못하게 하시고 다섯 달 동안 괴롭게만 하게 하시는데 그 괴롭게 함은 전갈이 사람을 쏠 때에 괴롭게 함과 같더라 그 날에는 사람들이 죽기를 구하여도 죽지 못하고 죽고 싶으나 죽음이 그들을 피하리로다"(계 9:4하~6)

다섯째, 황충들은 사탄에 속한 자들을 바벨론 군대와 같은 강력한 권세와 능력을 가지고 심판하는 사탄의 하수인입니다.

> "황충들의 모양은 전쟁을 위하여 준비한 말들 같고 그 머리에 금 같은 관 비슷한 것을 썼으며 그 얼굴은 사람의 얼굴 같고 또 여자의 머리털 같은 머리털이 있고 그 이빨은 사자의 이빨 같으며 또 철 호심경 같은 호심경이 있고 그 날개들의 소리는 병거와 많은 말들이 전쟁터로 달려 들어가는 소리 같으며 또 전갈과 같은 꼬리와 쏘는 살이 있어 그 꼬리에는 다섯 달 동안 사람들을 해하는 권세가 있더라 그들에게 왕이 있으니 무저갱의 사자라 히브리어로는 그 이름이 아바돈이요 헬라어로는 그 이름이 아볼루온이더라"(계 9:7~11)

여섯째 나팔 심판은?

첫째, 성도들의 기도응답으로 인한 심판입니다.

> "첫째 화는 지나갔으나 보라 아직도 이 후에 화 둘이 이르리로다 여섯째 천사가 나팔을 불매 내가 들으니 하나님 앞 금 제단 네 뿔에서 한 음성이 나서"(계 9:12~13)

둘째, 하나님의 허락가운데 사탄에게 속한 자들을 타락한 네 천사들로 심판하는 심판입니다.

> "나팔 가진 여섯째 천사에게 말하기를 큰 강 유브라데에 결박한 네 천사를 놓아 주라 하매 네 천사가 놓였으니 그들은 그 년 월 일 시에 이르러 사람 삼분의 일을 죽이기로 준비된 자들이더라"(계 9:14~15)

셋째, 하나님을 배반하는 인간들을 향하여 하나님께서 진노하시는 공포의 심판입니다.

> "마병대의 수는 이만 만이니 내가 그들의 수를 들었노라 이같은 환상 가운데 그 말들과 그 위에 탄 자들을 보니 불빛과 자줏빛과 유황빛 호심경이 있고 또 말들의 머리는 사자 머리 같고 그 입에서는 불과 연기와 유황이 나오더라 이 세 재앙 곧 자기들의 입에서 나오는 불과 연기와 유황으로 말미암아 사람 삼분의 일이 죽임을 당하니라 이 말들의 힘은 입과 꼬리에 있으니 꼬리는 뱀 같고 또 꼬리에 머리가 있어 이것으로 해하더라"(계 9:16~19)

여섯째 나팔 심판에서 죽지 않고 살아남은 자들은 결코 회개하지 않습니다.

> "이 재앙에 죽지 않고 남은 사람들은 손으로 행한 일을 회개하지 아니하고 오히려 여러 귀신과 또는 보거나 듣거나 다니거나 하지 못하는 금, 은, 동과 목석의 우상에게 절하고 또 그 살인과 복술과 음행과 도둑질을 회개하지 아니하더라"(계 9:20~21)

하나님의 자녀들에게 임하는 심판(징계)은 회개를 위한 심판이므로 그 심판으로 인하여 반드시 회개합니다.

불신자에게 임하는 심판은 심판을 위한 심판이므로 회개하지 않습니다.

하나님의 자녀들은 하나님의 심판을 두려워해야 합니다.

하나님의 심판의 대상인 땅에 속한 자의 위치가 아니라 하늘에 속한 자의 위치인 경건과 거룩의 위치에서 살아야 합니다.

그러므로 성삼위 하나님의 은혜로 경건과 거룩함의 위치에서 살아가며 하나님을 영화롭게 하는 우리 모두가 되기를 기도합니다.

요한계시록 10장 7절

"일곱째 천사가 소리 내는 날 그의 나팔을 불려고 할 때에 하나님이 그의 종 선지자들에게 전하신 복음과 같이 하나님의 그 비밀이 이루어지리라 하더라"(개역개정판)

"그러나 그 일곱째 천사의 그 소리의 그 날들에 그가 나팔을 불게 될 그리고 그 하나님의 그 비밀이 완성되어질 것이다. 자신의 종들 곧 선지자들에게 선포하신 것과 같이"(원문직역)

계시록 10장 1절부터 계시록 11장 14절 까지의 말씀은 여섯째 나팔 심판과 일곱째 나팔 심판 사이에 삽입된 말씀입니다.

계시록 10장에는 하늘에서 내려오는 다른 힘센 천사와 다른 힘센 천사의 활동과 요한이 책을 먹는 말씀이 기록되어 있습니다.

다른 힘센 천사는?

첫째, 언약에 신실한 하나님의 속성을 공유하고 있습니다.

"내가 또 보니 힘 센 다른 천사가 구름을 입고 하늘에서 내려오는데 그 머리 위에 무지개가 있고"(계 10:1상)

둘째, 하나님의 영광을 드러냅니다.

"그 얼굴은 해 같고"(계 10:1중)

셋째, 예수님께서 재림하셔서 심판하시는 속성을 공유하고 있습니다.

"그 발은 불기둥 같으며"(계 10:1하)

넷째, 하나님 나라에 관한 책을 가지고 있습니다.

"그 손에는 펴 놓인 작은 두루마리를 들고"(계 10:2상)

다섯째, 온 세상에 대한 지배권을 가지고 있는 예수님의 속성을 공유하고 있습니다.

"그 오른 발은 바다를 밟고 왼 발은 땅을 밟고"(계 10:2하)

다른 힘센 천사의 활동은 하나님의 거룩한 경륜의 뜻과 계획을 알리는 사명입니다.(계 10:3~7)

"사자가 부르짖는 것 같이 큰 소리로 외치니 그가 외칠 때에 일곱 우레가 그 소리를 내어 말하더라 일곱 우레가 말을 할 때에 내가 기록하려고 하다가 곧 들으니 하늘에서 소리가 나서 말하기를 일곱 우레가 말한 것을 인봉하고 기록하지 말라 하더라 내가 본 바 바다와 땅을 밟고 서 있는 천사가 하늘을 향하여 오른손을 들고 세세토록 살아 계신 이 곧 하늘과 그 가운데에 있는 물건이며 땅과 그 가운데에 있는 물건이며 바다와 그 가운데에 있는 물건을 창조하신 이를 가리켜 맹세하여 이르되 지체하지 아니하리니 일곱째 천사가 소리 내는 날 그의 나팔을 불려고 할 때에 하나님이 그의 종 선지자들에게 전하신 복음과 같이 하나님의 그 비밀이 이루어지리라 하더라"(계 10:3~7)

요한이 책을 먹는 장면이 나옵니다.

첫째, 요한 에게 책을 취해서 먹으라고 지시하신 분은 예수님입니다.

"하늘에서 나서 내게 들리던 음성이 또 내게 말하여 이르되"(계 10:8상)

둘째, 요한이 책을 먹는 행위는 구속 사역을 선포하는 선지자적 임무를 위임받는 것입니다.

"네가 가서 바다와 땅을 밟고 서 있는 천사의 손에 펴 놓인 두루마리를 가지라 하기로 내가 천사에게 나아가 작은 두루마리를 달라 한즉 천사가 이르되 갖다 먹어 버리라 네 배에는 쓰나 네 입에는 꿀 같이 달리라 하거늘 내가 천사의 손에서 작은 두루마리를 갖다 먹어 버리니"(계 10:8상~10상)

셋째, 말씀이 입에서 꿀처럼 단 것은 영원한 생명을 유지하고 사명을 감당케 하는 능력을 주기 때문입니다.

"내 입에는 꿀 같이 다나"(계 10:10중)

넷째, 배에서 쓴 것은 말씀대로 살아갈 때 임하는 고난과 회개와 심판의 말씀을 전할 때 나타나는 거부와 저항과 핍박으로 인한 심적 고통입니다.

"먹은 후에 내 배에서는 쓰게 되더라"(계 10:10하)

회개의 요청과 심판의 말씀을 세상이 거부하고 저항하고 핍박한다고 할지라도 그리스도인들은 신실하게 복음을 전해야 합니다.

"그가 내게 말하기를 네가 많은 백성과 나라와 방언과 임금에게 다시 예언하여야 하리라 하더라"(계 10:11)

왜냐하면 하나님께서는 복음으로 세상을 구원하시기로 작정하셨기 때문입니다.

"일곱째 천사가 나팔을 불매 하늘에 큰 음성들이 나서 이르되 세상 나라가 우리 주와 그의 그리스도의 나라가 되어 그가 세세토록 왕 노릇 하시리로다 하니"(계 11:15)

"내가 복음을 부끄러워하지 아니하노니 이 복음은 모든 믿는 자에게 구원을 주

시는 하나님의 능력이 됨이라 먼저는 유대인에게요 그리고 헬라인에게로다"(롬 1:16)

그러므로 성삼위 하나님의 은혜로 예수님의 몸된 교회와 그 지체들인 성도들이 복음 전파의 사명을 잘 감당하며 하나님을 영화롭게 하는 우리 모두가 되기를 기도합니다.

요한계시록 11장 19절

"이에 하늘에 있는 하나님의 성전이 열리니 성전 안에 하나님의 언약궤가 보이며 또 번개와 음성들과 우레와 지진과 큰 우박이 있더라"(개역개정판)

"그리고 그 하늘에 있는 그 하나님의 그 성전이 열려졌다. 그때 그의 그 성전 안에 그의 그 언약의 그 궤가 보여졌다. 그리고 번개들과 소리들과 우레들과 지진과 큰 우박이 있었다."(원문직역)

요한계시록 11장은 성전을 측량하는 말씀과 두 증인에 대한 말씀과 일곱째 나팔 심판에 대한 말씀이 기록되어 있습니다.

성전 측량에 관한 말씀은?

첫째, 예수님의 초림과 재림 사이에 교회가 하나님의 보호를 받습니다.

"또 내게 지팡이 같은 갈대를 주며 말하기를 일어나서 하나님의 성전과 제단과 그 안에서 경배하는 자들을 측량하되"(계 11:1)

둘째, 예수님의 초림과 재림 사이에 교회가 세상으로부터 고난을 받습니다.

"성전 바깥 마당은 측량하지 말고 그냥 두라 이것은 이방인에게 주었은즉 그들이 거룩한 성을 마흔두 달 동안 짓밟으리라"(계 11:2)

두 증인의 대한 말씀은 예수님의 초림과 재림 사이 교회의 사역과 형편과 사정에 대한 말씀입니다.

예수님의 초림과 재림 사이 교회의 사역과 형편과 사정은?

첫째, 세상을 향하여 회개를 촉구하는 말씀 사역을 합니다.

> "내가 나의 두 증인에게 권세를 주리니 그들이 굵은 베옷을 입고 천이백육십 일을 예언하리라 그들은 이 땅의 주 앞에 서 있는 두 감람나무와 두 촛대니"(계 11:3~4)

둘째, 구약을 대표하는 모세(율법 대표)와 엘리야(선지자 대표)의 사역을 담당하신 예수님의 사역에 참여됩니다.

> "만일 누구든지 그들을 해하고자 하면 그들의 입에서 불이 나와서 그들의 원수를 삼켜 버릴 것이요 누구든지 그들을 해하고자 하면 반드시 그와 같이 죽임을 당하리라 그들이 권능을 가지고 하늘을 닫아 그 예언을 하는 날 동안 비가 오지 못하게 하고 또 권능을 가지고 물을 피로 변하게 하고 아무 때든지 원하는 대로 여러 가지 재앙으로 땅을 치리로다"(계 11:5~6)

셋째, 극도의 고난을 당하기도 합니다.

> "그들이 그 증언을 마칠 때에 무저갱으로부터 올라오는 짐승이 그들과 더불어 전쟁을 일으켜 그들을 이기고 그들을 죽일 터인즉"(계 11:7)

넷째, 예수님께서 걸어가신 고난의 길을 갑니다.

> "그들의 시체가 큰 성 길에 있으리니 그 성은 영적으로 하면 소돔이라고도 하고 애굽이라고도 하니 곧 그들의 주께서 십자가에 못 박히신 곳이라"(계 11:8)

다섯째, 수치의 극치를 당하기도 합니다.

> "백성들과 족속과 방언과 나라 중에서 사람들이 그 시체를 사흘 반 동안을 보며 무

덤에 장사하지 못하게 하리로다 이 두 선지자가 땅에 사는 자들을 괴롭게 한 고로 땅에 사는 자들이 그들의 죽음을 즐거워하고 기뻐하여 서로 예물을 보내리라 하더라"(계 11:9~10)

여섯째, 예수님께서 높아지신 부활과 승천의 영광에 참여됩니다.

"삼 일 반 후에 하나님께로부터 생기가 그들 속에 들어가매 그들이 발로 일어서니 구경하는 자들이 크게 두려워하더라"(계 11:11~12)

일곱째, 복음 전파의 사명으로 남은 자들이 회개하고 하나님의 백성이 됩니다.

"그 때에 큰 지진이 나서 성 십분의 일이 무너지고 지진에 죽은 사람이 칠천이라 그 남은 자들이 두려워하여 영광을 하늘의 하나님께 돌리더라"(계 11:13)

일곱째 나팔 심판은 세상 나라가 하나님의 왕권과 예수님의 왕권이 완전하게 세워지는 하나님 나라가 되는 것을 선포됩니다.(계 11:14~15)

"일곱째 천사가 나팔을 불매 하늘에 큰 음성들이 나서 이르되 세상 나라가 우리 주와 그의 그리스도의 나라가 되어 그가 세세토록 왕 노릇 하시리로다 하니"(계 11:15)

하늘에서의 반응은?

첫째, 이십 사 장로들이 찬양과 경배를 합니다.

"하나님 앞에서 자기 보좌에 앉아 있던 이십사 장로가 엎드려 얼굴을 땅에 대고 하나님께 경배하여 이르되 감사하옵나니 옛적에도 계셨고 지금도 계신 주 하나님 곧 전능하신 이여 친히 큰 권능을 잡으시고 왕 노릇 하시도다"(계 11:16~17)

둘째, 이십 사 장로들이 심판과 구원을 선포합니다.

"이방들이 분노하매 주의 진노가 내려 죽은 자를 심판하시며 종 선지자들과 성도들과 또 작은 자든지 큰 자든지 주의 이름을 경외하는 자들에게 상 주시며 또 땅을 망하게 하는 자들을 멸망시키실 때로소이다 하더라"(계 11:18)

셋째, 하늘과 땅이 하나로 통일됩니다.

"이에 하늘에 있는 하나님의 성전이 열리니"(계 11:19상)

넷째, 하나님의 은혜 언약인 구속 언약이 궁극적으로 성취됩니다.

"성전 안에 하나님의 언약궤가 보이며"(계 11:19중)

다섯째, 시내산에서 왕으로 좌정하셨던 하나님의 왕권이 가장 극대하게 나타납니다.

"또 번개와 음성들과 우레와 지진과 큰 우박이 있더라"(계 11:19하)

복음으로 세상 나라가 하나님 나라가 됩니다.

종말 시대의 예수 그리스도의 몸된 교회 사명은 복음 전파로 남은 자들을 구원하는 사명입니다.

예수님의 초림으로 임한 하나님 나라는 복음으로 확장되고 완성됩니다.

그러므로 성삼위 하나님의 은혜로 복음 전파의 사명을 담당하며 하나님을 영화롭게 하는 우리 모두가 되기를 기도합니다.

요한계시록 12장 17절

"용이 여자에게 분노하여 돌아가서 그 여자의 남은 자손 곧 하나님의 계명을 지키며 예수의 증거를 가진 자들과 더불어 싸우려고 바다 모래 위에 서 있더라"(개역개정판)

"그리고 그 용은 그 여자에게 분노하였다. 그리고 그는 그 하나님의 그 계명들을 지키고 있는 그리고 예수의 그 증거를 가지고 있는 그녀의 그 후손의 그 남은 자들과 전쟁을 하기 위해 가버렸다. 그리고 그는 그 바다의 그 모래 위에 나타났다"(원문직역)

요한계시록 12장은 여자가 낳은 아들과 용의 전쟁과 하늘에서의 미가엘과 용의 전쟁과 교회를 표상하는 여자와 사탄을 표상하는 용과의 전쟁이 기록되어 있습니다.

여자가 낳은 아들인 예수님과 예수님의 몸된 교회는?

첫째, 예수님은 구약의 이스라엘을 통해서 나오신 구약 교회와 신약 교회의 머리이신 분입니다.

"하늘에 큰 이적이 보이니 해를 옷 입은 한 여자가 있는데 그 발 아래에는 달이 있고 그 머리에는 열두 별의 관을 썼더라 이 여자가 아이를 배어 해산하게 되매 아파서 애를 쓰며 부르짖더라"(계 12:1~2)
"여자가 아들을 낳으니"(계 12:5상)
"내가 여호와의 명령을 전하노라 여호와께서 내게 이르시되 너는 내 아들이라 오늘 내가 너를 낳았도다"(시 2:7)

둘째, 탄생시 사탄에게 고난 받으신 분입니다.

"하늘에 또 다른 이적이 보이니 보라 한 큰 붉은 용이 있어 머리가 일곱이요 뿔이 열이라 그 여러 머리에 일곱 왕관이 있는데 그 꼬리가 하늘의 별 삼분의 일을 끌어다가 땅에 던지더라 용이 해산하려는 여자 앞에서 그가 해산하면 그 아이를 삼키고자 하더니"(계 12:3~4)

"이에 헤롯이 박사들에게 속은 줄 알고 심히 노하여 사람을 보내어 베들레헴과 그 모든 지경 안에 있는 사내아이를 박사들에게 자세히 알아본 그 때를 기준하여 두 살부터 그 아래로 다 죽이니"(마 2:16)

셋째, 세상 모든 나라들을 심판하실 분입니다.

"이는 장차 철장으로 만국을 다스릴 남자라"(계 12:5중)

"네가 철장으로 그들을 깨뜨림이여 질그릇 같이 부수리라 하시도다"(시 2:9)

넷째, 구속 언약인 십자가 대속 사역을 담당하시고 부활 승천하신 분입니다.

"그 아이를 하나님 앞과 그 보좌 앞으로 올려가더라"(계 12:5하)

다섯째, 예수님께서 승천하시고 난 이후 교회는 예수님의 초림과 재림사이에 하나님께서 준비한 장소인 세상에서 은혜가운데 보호와 양육을 받습니다.

"그 여자가 광야로 도망하매 거기서 천이백육십 일 동안 그를 양육하기 위하여 하나님께서 예비하신 곳이 있더라"(계 12:6)

하늘에서의 미가엘과 용의 전쟁은?

첫째, 예수님의 승천으로 인한 필연적 전쟁입니다.

"하늘에 전쟁이 있으니"(계 12:7상)

"그 아이를 하나님 앞과 그 보좌 앞으로 올려가더라"(계 12:5하)

둘째, 예수님의 십자가 승리로 인해서 미가엘이 하늘에서 사탄에게 승리한 전쟁입니다.

"미가엘과 그의 사자들이 용과 더불어 싸울새 용과 그의 사자들도 싸우나 이기지 못하여 다시 하늘에서 그들이 있을 곳을 얻지 못한지라 큰 용이 내쫓기니 옛 뱀 곧 마귀라고도 하고 사탄이라고도 하며 온 천하를 꾀는 자라 그가 땅으로 내쫓기니 그의 사자들도 그와 함께 내쫓기니라"(계 12:7하~9)

셋째, 예수님의 보혈과 예수님의 증거의 말씀으로 승리한 전쟁입니다. (계 12:10~12)

"내가 또 들으니 하늘에 큰 음성이 있어 이르되 이제 우리 하나님의 구원과 능력과 나라와 또 그의 그리스도의 권세가 나타났으니 우리 형제들을 참소하던 자 곧 우리 하나님 앞에서 밤낮 참소하던 자가 쫓겨났고 또 우리 형제들이 어린 양의 피와 자기들이 증언하는 말씀으로써 그를 이겼으니 그들은 죽기까지 자기들의 생명을 아끼지 아니하였도다"(계 12:10~11)

여자와 용의 전쟁은?

첫째, 땅으로 내어 쫓긴 용이 교회를 핍박합니다.

"용이 자기가 땅으로 내쫓긴 것을 보고 남자를 낳은 여자를 박해하는지라"(계 12:13)

둘째, 예수님의 초림과 재림사이 교회가 하나님의 능력을 받고 보호와 양육을 받습니다.

"그 여자가 큰 독수리의 두 날개를 받아 광야 자기 곳으로 날아가 거기서 그 뱀의 낯을 피하여 한 때와 두 때와 반 때를 양육 받으매"(계 12:14)

셋째, 하나님의 은혜로 비열한 뱀의 공격으로부터 승리합니다.

> "여자의 뒤에서 뱀이 그 입으로 물을 강 같이 토하여 여자를 물에 떠내려 가게 하려 하되 땅이 여자를 도와 그 입을 벌려 용의 입에서 토한 강물을 삼키니"(계 12:15~16)

넷째, 용은 최후 심판을 받기 위해 성도들과 마지막 전쟁을 준비합니다.

> "용이 여자에게 분노하여 돌아가서 그 여자의 남은 자손 곧 하나님의 계명을 지키며 예수의 증거를 가진 자들과 더불어 싸우려고 바다 모래 위에 서 있더라"(계 12:17)

예수님의 몸된 교회와 그 지체들인 성도들과 사탄과의 영적 전쟁은 예수님께서 십자가의 보혈로 승리한 전쟁입니다.

그리스도인의 영적 전쟁은 이미 예수님께서 승리한 전쟁을 천상적 존재인 왕같은 제사장의 위치에서 노예의 위치에 있는 사탄과 치루는 전쟁입니다.

왕이 노예에게 다스림을 받고 무릎을 꿇는 수치스럽고 치욕스럽고 굴욕적인 위치에서 살아서는 결코 안됩니다.

그리스도인은 사탄을 꾸짖고 내쫓고 다스리는 존재들입니다.

그러므로 성삼위 하나님의 은혜로 사탄과 날마다 치루는 영적 전쟁에서 승리하며 하나님을 영화롭게 하는 우리 모두가 되기를 기도합니다.

요한계시록 13장 1절

"내가 보니 바다에서 한 짐승이 나오는데 뿔이 열이요 머리가 일곱이라 그 뿔에는 열 왕관이 있고 그 머리들에는 신성 모독 하는 이름들이 있더라"(개역개정판)

"그리고 나는 그 바다로부터 올라오고 있는 짐승을 보았다. 열 뿔과 일곱 머리를 가지고 그리고 그의 그 뿔들에 열 면류관을 그리고 그의 그 머리들 위에 신성 모독의 이름들을"(원문직역)

요한계시록 13장은 요한계시록 12장의 연속으로 용에게 권세를 받은 첫째 짐승과 첫째 짐승을 위해 활동하는 둘째 짐승에 대한 내용이 기록되어 있습니다.

첫째 짐승은?

첫째, 하나님 나라를 대적하는 로마 제국의 황제인 네로를 모델로하는 로마 황제입니다

"내가 보니 바다에서 한 짐승이 나오는데 뿔이 열이요 머리가 일곱이라 그 뿔에는 열 왕관이 있고 그 머리들에는 신성 모독 하는 이름들이 있더라 내가 본 짐승은 표범과 비슷하고 그 발은 곰의 발 같고 그 입은 사자의 입 같은데"(계 13:1~2상)

"첫째는 사자와 같은데 독수리의 날개가 있더니 내가 보는 중에 그 날개가 뽑혔고 또 땅에서 들려서 사람처럼 두 발로 서게 함을 받았으며 또 사람의 마음을 받았더라 또 보니 다른 짐승 곧 둘째는 곰과 같은데 그것이 몸 한쪽을 들었고 그 입의 잇사이에는 세 갈빗대가 물렸는데 그것에게 말하는 자들이 있어 이르기를 일어나

서 많은 고기를 먹으라 하였더라 그 후에 내가 또 본즉 다른 짐승 곧 표범과 같은 것이 있는데 그 등에는 새의 날개 넷이 있고 그 짐승에게 또 머리 넷이 있으며 권세를 받았더라 내가 밤 환상 가운데에 그 다음에 본 넷째 짐승은 무섭고 놀라우며 또 매우 강하며 또 쇠로 된 큰 이가 있어서 먹고 부서뜨리고 그 나머지를 발로 밟았으며 이 짐승은 전의 모든 짐승과 다르고 또 열 뿔이 있더라"(단 7:4~7)

둘째, 사탄을 상징하는 용에게 능력과 권세를 받습니다.

"용이 자기의 능력과 보좌와 큰 권세를 그에게 주었더라"(계 13:2하)

셋째, 어린 양인 예수님을 모방합니다.

"그의 머리 하나가 상하여 죽게 된 것 같더니 그 죽게 되었던 상처가 나으매 온 땅이 놀랍게 여겨 짐승을 따르고"(계 13:3)

넷째, 용(사탄)의 대리인 역활을 합니다.

"용이 짐승에게 권세를 주므로 용에게 경배하며 짐승에게 경배하여 이르되 누가 이 짐승과 같으냐 누가 능히 이와 더불어 싸우리요 하더라"(계 13:4)

다섯째, 하나님의 허락가운데 교만하고 신성 모독하는 입이 주어졌습니다.

"또 짐승이 과장되고 신성 모독을 말하는 입을 받고 또 마흔두 달 동안 일할 권세를 받으니라"(계 13:5)

여섯째, 하나님 이름과 하나의 거룩한 공교회를 모독합니다.

"짐승이 입을 벌려 하나님을 향하여 비방하되 그의 이름과 그의 장막 곧 하늘에 사는 자들을 비방하더라"(계 13:6)

일곱째, 하나님의 허락가운데 일시적 승리를 합니다.

"또 권세를 받아 성도들과 싸워 이기게 되고 각 족속과 백성과 방언과 나라를 다스리는 권세를 받으니"(계 13:7)

여덟째, 하늘에 속한 자가 아닌 땅에 속한 자들은 필연적으로 짐승을 경배하게 됩니다.

"죽임을 당한 어린 양의 생명책에 창세 이후로 이름이 기록되지 못하고 이 땅에 사는 자들은 다 그 짐승에게 경배하리라 누구든지 귀가 있거든 들을지어다"(계 13:8~9)

둘째 짐승은?

첫째, 첫째 짐승의 종속적 역할을 합니다.

"내가 보매 또 다른 짐승이 땅에서 올라오니 어린 양 같이 두 뿔이 있고"(계 13:11상)

둘째, 용(사탄)을 대신하는 대리자 역할을 합니다.

"용처럼 말을 하더라"(계 13:11하)

셋째, 첫째 짐승을 위한 사역을 합니다.

"그가 먼저 나온 짐승의 모든 권세를 그 앞에서 행하고 땅과 땅에 사는 자들을 처음 짐승에게 경배하게 하니 곧 죽게 되었던 상처가 나은 자니라"(계 13:12)

넷째, 하나님 나라 자녀들을 미혹하고 도전하고 땅에 속한 자들을 미혹해서 짐승을 경배하도록 합니다.

"큰 이적을 행하되 심지어 사람들 앞에서 불이 하늘로부터 땅에 내려오게 하고 짐승 앞에서 받은 바 이적을 행함으로 땅에 거하는 자들을 미혹하며 땅에 거하는 자들에게 이르기를 칼에 상하였다가 살아난 짐승을 위하여 우상을 만들라 하더라 그가 권세를 받아 그 짐승의 우상에게 생기를 주어 그 짐승의 우상으로 말하게 하고 또 짐승의 우상에게 경배하지 아니하는 자는 몇이든지 다 죽이게 하더라"(계 13:13~15)

다섯째, 첫째 짐승 숭배(황제 숭배)를 촉진 시킵니다.

"그가 모든 자 곧 작은 자나 큰 자나 부자나 가난한 자나 자유인이나 종들에게 그 오른손에나 이마에 표를 받게 하고 누구든지 이 표를 가진 자 외에는 매매를 못하게 하니 이 표는 곧 짐승의 이름이나 그 이름의 수라"(계 3:16~17)

짐승의 숫자는 666입니다.

"지혜가 여기 있으니 총명한 자는 그 짐승의 수를 세어 보라 그것은 사람의 수니 그의 수는 육백육십육이니라"(계 13:18)

요한은 이름을 숫자로 표현하는 "게마트리아" 기법을 사용합니다.

666은 "네로 케사르"의 이름의 숫자를 합한 것입니다.

요한은 계시록 13장에서 당시의 시대적 배경으로 첫째 짐승은 하나님 나라를 국가적으로 정책적으로 핍박한 로마 황제의 대표적 모델로 네로 황제를 모델로 삼았습니다.

기독교를 핍박하는 로마 제국의 모든 황제는 네로 황제의 재현입니다.

당시 로마 제국의 황제 도미티안도 네로 황제의 재현일 뿐입니다.

둘째 짐승은 황제 숭배를 촉진시키는 로마제국의 제사장 직이 모델입니다.

666이라는 짐승의 표를 받는다는 것은 네로 황제를 대표하는 로마 황제를 주인으로 영접하는 것이고 로마 황제의 소유가 되는 것입니다.

로마 황제의 소유가 되는 것은 로마 제국의 황제를 숭배하는 것입니다.

로마 제국의 황제 숭배에는 우상 숭배와 우상 숭배의 제의적 요소인 음행이 있습니다.

로마는 바벨론으로 표현합니다.

바벨론은 세상을 표상합니다.

세상은 하나님의 허락하심 가운데 사탄의 지배 아래 있습니다.

"또 아는 것은 우리는 하나님께 속하고 온 세상은 악한 자 안에 처한 것이며"(요일 5:19)

로마시대의 황제 숭배는 세상에서 땅에 속한 자들이 섬기는 바알신과 같은 맘몬과 바알신의 제의적 요소인 음란을 추구하는 것과 같습니다.

로마시대의 황제 숭배와 지금 시대의 우상 숭배인 바알신과 같은 맘몬과 아세라신과 같은 음란은 평행관계를 이루고 있다 라고 말할 수도 있습니다.

왕같은 제사장인 그리스도인이 하인의 위치에 있는 사단이 다스리는 바알신과 같은 세상적 부와 명예와 권세와 영광을 추구하고 아세라신과 같은 세상적 기쁨과 즐거움과 쾌락과 음란을 추구하는 삶을 사는 것은 치욕적이고 굴욕적인 삶입니다.

로마시대의 황제 숭배를 이기고 지금 시대의 악하고 음란함을 이기는 방법은?

첫째, 하나님 말씀을 듣고 순종하는 것입니다.

"누구든지 귀가 있거든 들을지어다"(계 13:9)

둘째, 인내와 믿음입니다.

"사로잡힐 자는 사로잡혀 갈 것이요 칼에 죽을 자는 마땅히 칼에 죽을 것이니 성도들의 인내와 믿음이 여기 있느니라"(계 13:10)

"휘포모네"라는 인내는 하나님의 다스림 아래에 있는 것입니다.

하나님의 다스림을 받으며 참고 견디고 승리하는 것입니다.

"피스티스"라는 믿음은 충성스럽고 순결하고 신실한 믿음입니다.

황제 숭배 거부로 인하여 사로잡히고 칼에 죽임을 당하여도 결코 배도와 배교하지 말고 인내와 믿음으로 승리하라는 말씀입니다.

셋째, "소피아"(지혜)와 "누스"(지각)입니다.

"지혜가 여기 있으니 총명한 자는"(계 13:18)

삼위일체 하나님과 예수 그리스도와 인격적 관계를 맺는 지식과 하나님 나라 세계관인 왕같은 제사장으로 사는 것입니다.

그러므로 성삼위 하나님의 은혜로 하나님 말씀에 순종하는 위치에서 인내와 믿음과 지혜와 지각으로 악하고 음란한 세상 풍습을 왕같은 제사장의 위치에서 이기며 하나님을 영화롭게 하는 우리 모두가 되기를 기도합니다.

요한계시록 14장 1절

"또 내가 보니 보라 어린 양이 시온 산에 섰고 그와 함께 십사만 사천이 서 있는데 그들의 이마에는 어린 양의 이름과 그 아버지의 이름을 쓴 것이 있더라"(개역개정판)

"그때 나는 보았다. 그리고 보라 그 어린 양이 그 시온 산 위에 서있다. 그리고 그와 함께 십사만 사천이 그의 그 이름과 그의 그 아버지의 이름을 가지고 있는 그들의 그 이마에 기록된"(원문직역)

요한계시록 14장은 하늘의 십사만 사천과 종말적 구속과 심판의 말씀이 기록되어 있습니다.

하나님의 임재와 통치를 드러내는 하늘의 시온산 위에 어린 양인 예수님과 함께 승리의 위치에 서 있는 십사만 사천은 하나의 거룩한 공교회를 상징합니다.

"또 내가 보니 보라 어린 양이 시온 산에 섰고 그와 함께 십사만 사천이 서 있는데"(계 14:1상)

하늘에서 본질적 승리를 쟁취한 하나의 거룩한 공교회의 지체들인 성도들은?

첫째, 하나님의 인을 맞은 사람입니다.

"그들의 이마에는 어린 양의 이름과 그 아버지의 이름을 쓴 것이 있더라"(계 14:1하)

"내가 인침을 받은 자의 수를 들으니 이스라엘 자손의 각 지파 중에서 인침을 받은 자들이 십사만 사천이니"(계 7:4)

둘째, 제자된 위치에서 새노래를 부르는 사람입니다.(계 14:2~3)

"그들이 보좌 앞과 네 생물과 장로들 앞에서 새 노래를 부르니 땅에서 속량함을 받은 십사만 사천 밖에는 능히 이 노래를 배울 자가 없더라"(계 14:3)

셋째, 정절이 있는 사람입니다.

"이 사람들은 여자와 더불어 더럽히지 아니하고 순결한 자라"(계 14:4상)

넷째, 어디든지 어린 양을 따라가는 사람입니다.

"어린 양이 어디로 인도하든지 따라가는 자며"(계 14:4중)

다섯째, 처음 익은 열매로 하나님과 어린 양에 속한 사람입니다.

"사람 가운데에서 속량함을 받아 처음 익은 열매로 하나님과 어린 양에게 속한 자들이니"(계 14:4하)

여섯째, 그 입에 거짓이 없고 흠이 없는 사람입니다.

"그 입에 거짓말이 없고 흠이 없는 자들이더라"(계 14:5)

일곱째, 하나님께 영광 돌리는 삶을 사는 사람입니다.(계 14:6~7)

"그가 큰 음성으로 이르되 하나님을 두려워하며 그에게 영광을 돌리라 이는 그의 심판의 시간이 이르렀음이니 하늘과 땅과 바다와 물들의 근원을 만드신 이를 경배하라 하더라"(계 14:7)

여덟째, 악하고 음란한 세상 풍습을 따라가지 않는 사람입니다.(계 14:8~11)

"그 고난의 연기가 세세토록 올라가리로다 짐승과 그의 우상에게 경배하고 그의 이름 표를 받는 자는 누구든지 밤낮 쉼을 얻지 못하리라 하더라"(계 14:11)

아홉째, 인내의 위치에서 하나님의 계명을 지키고 예수님의 신실함을 따라 사는 사람입니다.

"성도들의 인내가 여기 있나니 그들은 하나님의 계명과 예수에 대한 믿음을 지키는 자니라"(계 14:12)

열번 째, 신실한 성도의 길을 따라 사는 사람입니다.

"또 내가 들으니 하늘에서 음성이 나서 이르되 기록하라 지금 이후로 주 안에서 죽는 자들은 복이 있도다 하시매 성령이 이르시되 그러하다 그들이 수고를 그치고 쉬리니 이는 그들의 행한 일이 따름이라 하시더라"(계 14:13)

열 한 번째, 심판의 추수가 아닌 구속의 추수 은총가운데 거하는 사람입니다.(계 14:14~20)

"또 내가 보니 흰 구름이 있고 구름 위에 인자와 같은 이가 앉으셨는데 그 머리에는 금 면류관이 있고 그 손에는 예리한 낫을 가졌더라 또 다른 천사가 성전으로부터 나와 구름 위에 앉은 이를 향하여 큰 음성으로 외쳐 이르되 당신의 낫을 휘둘러 거두소서 땅의 곡식이 다 익어 거둘 때가 이르렀음이니이다 하니 구름 위에 앉으신 이가 낫을 땅에 휘두르매 땅의 곡식이 거두어지니라"(계 14:14~16)

불신자는 땅에 속한 위치에서 사는 사람입니다.

성도는 하늘에 속한 위치에 사는 사람입니다.

그러므로 성삼위 하나님의 은혜로 하늘의 속한 위치에서 살아가며 하나님을 영화롭게 하는 우리 모두가 되기를 기도합니다.

요한계시록 15장 1절

"또 하늘에 크고 이상한 다른 이적을 보매 일곱 천사가 일곱 재앙을 가졌으니 곧 마지막 재앙이라 하나님의 진노가 이것으로 마치리로다"(개역개정판)

"그리고 나는 그 하늘에서 다른 크고 그리고 놀라운 표적을 보았다. 그 마지막 일곱 재앙을 가지고 있는 일곱 천사들을 왜냐하면 그 하나님의 그 분노가 그것들로 완성되었기 때문이다"(원문직역)

요한계시록 15장은 일곱 대접을 가진 천사와 하나의 거룩한 공교회의 찬양이 기록되어 있습니다.

일곱 대접을 가진 일곱 천사는?

첫째, 하나님의 일곱 대접 심판을 마무리하는 사역을 합니다.

"또 하늘에 크고 이상한 다른 이적을 보매 일곱 천사가 일곱 재앙을 가졌으니 곧 마지막 재앙이라 하나님의 진노가 이것으로 마치리로다"(계 15:1)

둘째, 하나님의 일곱 대접 심판을 실행할 자격을 받습니다.

"또 이 일 후에 내가 보니 하늘에 증거 장막의 성전이 열리며 일곱 재앙을 가진 일곱 천사가 성전으로부터 나와"(계 15:5~6상)

셋째, 하나님으로부터 왕적 지위와 제사장 지위를 위임받고 심판을 위해 보냄을 받은 대리자입니다.

“맑고 빛난 세마포 옷을 입고 가슴에 금 띠를 띠고”(계 15:6하)

넷째, 하나님의 일곱 대접 심판 실행에 참여된 자입니다.

“네 생물 중의 하나가 영원토록 살아 계신 하나님의 진노를 가득히 담은 금 대접 일곱을 그 일곱 천사들에게 주니”(계 15:7)

하나님의 일곱 대접 심판은 반드시 실현됩니다.

“하나님의 영광과 능력으로 말미암아 성전에 연기가 가득 차매 일곱 천사의 일곱 재앙이 마치기까지는 성전에 능히 들어갈 자가 없더라”(계 15:8)

하나의 거룩한 공교회는 십사만 사천의 전투하는 교회와 흰 옷입은 무리인 승리한 교회의 모임입니다.

하나의 거룩한 공교회는 죄와 악하고 음란한 세상과 사탄을 이긴 교회 공동체입니다.

“짐승과 그의 우상과 그의 이름의 수를 이기고 벗어난 자들이”(계 15:2중)

하늘에 속해 있는 하나의 거룩한 공교회는 하나님의 진노의 심판을 받지 않고 안전한 하늘의 유리 바다가에 서서 모세 노래의 성취인 어린 양의 노래를 부릅니다.

“유리 바다 가에 서서 하나님의 거문고를 가지고 하나님의 종 모세의 노래, 어린 양의 노래를 불러 이르되”(계 15:2하~3상)

하나의 거룩한 공교회가 부르는 어린 양의 노래는?

첫째, 하나님의 구속 사역의 전능하심입니다.

"주 하나님 곧 전능하신 이시여 하시는 일이 크고 놀라우시도다"(계 15:3중)

둘째, 하나님의 구속 사역의 의롭고 참되심입니다.

"주의 길이 의롭고 참되시도다"(계 15:3하)

셋째, 하나님께서 천지의 대주재로 모든 만물들을 다스리심 입니다.

"만국의 왕이시여"(계 15:3하)

넷째, 하나님의 두려우심과 엄위로우심입니다.

"주여 누가 주의 이름을 두려워하지 아니하며 영화롭게 하지 아니하오리이까"(계 15:4상)

다섯째, 하나님의 거룩하심입니다.

"오직 주만 거룩하시니이다"(계 15:4중)

여섯째, 모든 나라들이 와서 하나님을 경배하는 것입니다.

"만국이 와서 주께 경배하리이다 하더라"(계 15:4하)

일곱째, 하나님 백성들을 구원하시고 대적자들을 심판하시는 의로운 행위입니다.

"주의 의로우신 일이 나타났으매"(계 15:4하)

하나님의 뜻은 반드시 실현됩니다.

사탄과 하나님을 대적하는 악하고 음란한 세상과 세상에 속해서 하나님을 대적하는 자들은 반드시 심판받고 하나님의 자녀들은 구원 받습니다.

구원받은 하나님 자녀들은 어린 양의 노래를 부릅니다.

그러므로 성삼위 하나님의 은혜로 어린 양의 노래를 부르며 하나님을 영화롭게 하는 우리 모두가 되기를 기도합니다.

요한계시록 16장 15절

"보라 내가 도둑 같이 오리니 누구든지 깨어 자기 옷을 지켜 벌거벗고 다니지 아니하며 자기의 부끄러움을 보이지 아니하는 자는 복이 있도다"(개역개정판)

"보라 내가 도둑같이 온다. 그 깨어있고 그리고 그의 그 옷을 지키고 있는 자는 복있다. 그가 벌고벗고 다니지 않고 그리고 그의 그 부끄러움을 보이지 않도록"(원문직역)

요한계시록 16장은 일곱 대접 심판의 실행에 대한 말씀입니다.

일곱 대접 심판은 하늘에서 결정된 땅을 향한 사탄과 짐승과 짐승의 추종자들에게 내리는 하나님의 진노의 심판입니다.

"또 내가 들으니 성전에서 큰 음성이 나서 일곱 천사에게 말하되 너희는 가서 하나님의 진노의 일곱 대접을 땅에 쏟으라 하더라"(계 16:1)

첫째 대접 심판은 짐승과 짐승을 추정하는 세력에게 내리는 심판입니다.

"첫째 천사가 가서 그 대접을 땅에 쏟으매 짐승의 표를 받은 사람들과 그 우상에게 경배하는 자들에게 악하고 독한 종기가 나더라"(계 16:2)

둘째 대접 심판은 로마의 제국주의적 경제 체제와 황제 숭배에 대한 심판입니다.

"둘째 천사가 그 대접을 바다에 쏟으매 바다가 곧 죽은 자의 피 같이 되니 바다 가운데 모든 생물이 죽더라"(계 16:3)

셋째 대접 심판은 하나의 거룩한 공교회를 핍박한 세상 세력에 대한 참되고 의로운 심판입니다.(계 16:4~7)

"그들이 성도들과 선지자들의 피를 흘렸으므로 그들에게 피를 마시게 하신 것이 합당하니이다 하더라 또 내가 들으니 제단이 말하기를 그러하다 주 하나님 곧 전능하신 이시여 심판하시는 것이 참되시고 의로우시도다 하더라"(계 16:6~7)

넷째 대접 심판은 짐승에게 속한 자들을 향한 큰 태움의 심판입니다.

"넷째 천사가 그 대접을 해에 쏟으매 해가 권세를 받아 불로 사람들을 태우니 사람들이 크게 태움에 태워진지라 이 재앙들을 행하는 권세를 가지신 하나님의 이름을 비방하며 또 회개하지 아니하고 주께 영광을 돌리지 아니하더라"(계 16:8~9)

다섯째 대접 심판은 짐승의 보좌에 대한 심판입니다.

"또 다섯째 천사가 그 대접을 짐승의 왕좌에 쏟으니 그 나라가 곧 어두워지며 사람들이 아파서 자기 혀를 깨물고 아픈 것과 종기로 말미암아 하늘의 하나님을 비방하고 그들의 행위를 회개하지 아니하더라"(계 16:10~11)

여섯째 대접 심판은 하나의 거룩한 공교회와 영적 전쟁을 치루고 영원한 불못으로 던져지기 위해 준비하는 심판입니다.

"또 여섯째 천사가 그 대접을 큰 강 유브라데에 쏟으매 강물이 말라서 동방에서 오는 왕들의 길이 예비되었더라 또 내가 보매 개구리 같은 세 더러운 영이 용의 입과 짐승의 입과 거짓 선지자의 입에서 나오니 그들은 귀신의 영이라 이적을 행하여 온 천하 왕들에게 가서 하나님 곧 전능하신 이의 큰 날에 있을 전쟁을 위하여 그들을 모으더라"(계 16:12~14)

"세 영이 히브리어로 아마겟돈이라 하는 곳으로 왕들을 모으더라"(계 16:16)

일곱째 대접 심판은

첫째, 사탄의 영역 활동에 대한 심판입니다.

"일곱째 천사가 그 대접을 공중에 쏟으매 큰 음성이 성전에서 보좌로부터 나서 이르되 되었다 하시니"(계 16:17)

둘째, 거대한 우주적 심판입니다.

"번개와 음성들과 우렛소리가 있고 또 큰 지진이 있어 얼마나 큰지 사람이 땅에 있어 온 이래로 이같이 큰 지진이 없었더라"(계 16:18)

셋째, 바벨론과 바벨론을 추정하는 나라들의 심판입니다.

"큰 성이 세 갈래로 갈라지고 만국의 성들도 무너지니 큰 성 바벨론이 하나님 앞에 기억하신 바 되어 그의 맹렬한 진노의 포도주 잔을 받으매"(계 16:19)

넷째, 우주적 붕괴의 심판입니다.

"각 섬도 없어지고 산악도 간 데 없더라"(계 16:20)

다섯째, 바벨론을 심판하는 큰 재앙의 심판입니다.

"또 무게가 한 달란트나 되는 큰 우박이 하늘로부터 사람들에게 내리매 사람들이 그 우박의 재앙 때문에 하나님을 비방하니 그 재앙이 심히 큼이러라"(계 16:21)

인 심판과 나팔 심판과 대접 심판은 시간적 순서가 아닌 논리적 순서입니다.

하나님의 심판을 입체적으로 잘 드러내주며 강도는 점점 강화되다가 대접 심판에서는 종결을 보여줍니다.

특별히 여섯째 대접 심판과 일곱째 대접 심판은 예수님의 재림때 일어날 심판을 기록하고 있습니다.

이러한 현세적 심판과 종말적 심판 사이에 그리스도인들은 예수님의 재림에 대비해서 깨어 경성하며 그리스도인들이 입는 의의 옷인 칭의의 옷과 성화의 옷과 헌신의 옷을 지켜야 합니다.

> "보라 내가 도둑 같이 오리니 누구든지 깨어 자기 옷을 지켜 벌거벗고 다니지 아니하며 자기의 부끄러움을 보이지 아니하는 자는 복이 있도다"(계 16:15)

그러므로 성삼위 하나님의 은혜로 그리스도의 신부의 위치에서 예수님의 재림을 준비하며 하나님을 영화롭게 하는 우리 모두가 되기를 기도합니다.

요한계시록 17장 14절

"그들이 어린 양과 더불어 싸우려니와 어린 양은 만주의 주시요 만왕의 왕이시므로 그들을 이기실 터이요 또 그와 함께 있는 자들 곧 부르심을 받고 택하심을 받은 진실한 자들도 이기리로다"(개역개정판)

"이들은 그 어린 양에 대항하여 전쟁할 것이다. 그러나 그 어린 양이 그들을 이길 것이다. 왜냐하면 그는 주들의 주요 그리고 왕들의 왕이기 때문이다. 그리고 그와 함께 한 자들은 부름받은 자들이요 택함받은 자들이요 신실한 자들이다"(원문직역)

요한계시록 17장은 바벨론과 짐승과 열 왕들에 대한 정체와 심판에 대한 말씀입니다.

하나님의 심판을 받을 큰 음녀 바벨론(로마 제국)은?

첫째, 온 세상을 다스렸습니다.

"또 일곱 대접을 가진 일곱 천사 중 하나가 와서 내게 말하여 이르되 이리로 오라 많은 물 위에 앉은 큰 음녀가 받을 심판을 네게 보이리라"(계 17:1)
"또 천사가 내게 말하되 네가 본 바 음녀가 앉아 있는 물은 백성과 무리와 열국과 방언들이니라"(계 17:15)

둘째, 땅의 임금들과 땅에 거하는 자들과 더불어 함께 황제 숭배를 했습니다.

"땅의 임금들도 그와 더불어 음행하였고 땅에 사는 자들도 그 음행의 포도주에 취

하였다 하고"(계 17:2)

셋째, 교회를 핍박하고 신성모독하는 로마의 황제와 상호공존하는 관계를 맺었습니다.

"곧 성령으로 나를 데리고 광야로 가니라 내가 보니 여자가 붉은 빛 짐승을 탔는데 그 짐승의 몸에 하나님을 모독하는 이름들이 가득하고 일곱 머리와 열 뿔이 있으며"(계 17:3)

넷째, 화려하게 꾸몄지만 내면에는 가증한 것과 음행의 더러운 것들로 가득차 있습니다.

"그 여자는 자주 빛과 붉은 빛 옷을 입고 금과 보석과 진주로 꾸미고 손에 금 잔을 가졌는데 가증한 물건과 그의 음행의 더러운 것들이 가득하더라"(계 17:4)

다섯째, 막강한 군사력과 경제력으로 황제 숭배를 조장하는 대표적 존재입니다.

"그의 이마에 이름이 기록되었으니 비밀이라, 큰 바벨론이라, 땅의 음녀들과 가증한 것들의 어미라 하였더라"(계 17:5)

여섯째, 황제 숭배의 과정에서 성도들의 피와 예수님의 증인의 피를 취했습니다.

"또 내가 보매 이 여자가 성도들의 피와 예수의 증인들의 피에 취한지라 내가 그 여자를 보고 놀랍게 여기고 크게 놀랍게 여기니"(계 17:6)

일곱째, 하나님의 섭리가운데 공동 운명체인 짐승과 열왕의 반역으로 갑자기 멸망 당했습니다.(계 17:16~18)

"네가 본 바 이 열 뿔과 짐승은 음녀를 미워하여 망하게 하고 벌거벗게 하고 그의 살을 먹고 불로 아주 사르리라 이는 하나님이 자기 뜻대로 할 마음을 그들에게 주사 한 뜻을 이루게 하시고 그들의 나라를 그 짐승에게 주게 하시되 하나님의 말씀이 응하기까지 하심이라"(계 17:16~17)

짐승은?

첫째, 막강한 권력을 가지고 성도를 핍박했던 로마 황제입니다.

"지혜 있는 뜻이 여기 있으니 그 일곱 머리는 여자가 앉은 일곱 산이요 또 일곱 왕이라 다섯은 망하였고 하나는 있고 다른 하나는 아직 이르지 아니하였으나 이르면 반드시 잠시 동안 머무르리라 전에 있었다가 지금 없어진 짐승은 여덟째 왕이니 일곱 중에 속한 자라 그가 멸망으로 들어가리라"(계 17:9~11)

둘째, 멸망에 들어갈 자입니다.

"네가 본 짐승은 전에 있었다가 지금은 없으나 장차 무저갱으로부터 올라와 멸망으로 들어갈 자니"(계 11:8상)
"전에 있었다가 지금 없어진 짐승은 여덟째 왕이니 일곱 중에 속한 자라 그가 멸망으로 들어가리라"(계 17:11)
"그들이 어린 양과 더불어 싸우려니와 어린 양은 만주의 주시요 만왕의 왕이시므로 그들을 이기실 터이요 또 그와 함께 있는 자들 곧 부르심을 받고 택하심을 받은 진실한 자들도 이기리로다"(계 17:14)

열 뿔은 열 왕을 가르칩니다.

열왕은 세상 왕들의 막강한 권세를 상징합니다.

열왕은 짐승과 연합해서 한 목적을 가지고 어린 양을 대적해서 종말적인 영적 전쟁을 일으킬 자들입니다.

"네가 보던 열 뿔은 열 왕이니 아직 나라를 얻지 못하였으나 다만 짐승과 더불어 임금처럼 한동안 권세를 받으리라 그들이 한 뜻을 가지고 자기의 능력과 권세를 짐승에게 주더라"(계 17:12~13)

음녀 바벨론은 로마 제국을 상징하고 짐승은 로마 제국을 다스리는 로마의 황제를 상징하고 열 뿔인 열 왕은 세상 왕들의 막강한 권세를 상징합니다.

이들은 사단의 속성인 자기파괴적 속성으로 자중지란을 일으켜서 로마제국을 멸망시키고 어린 양인 예수님을 대적하다가 멸망합니다.

> "네가 본 바 이 열 뿔과 짐승은 음녀를 미워하여 망하게 하고 벌거벗게 하고 그의 살을 먹고 불로 아주 사르리라"(계 17:16)
> "그들이 어린 양과 더불어 싸우려니와 어린 양은 만주의 주시요 만왕의 왕이시므로 그들을 이기실 터이요 또 그와 함께 있는 자들 곧 부르심을 받고 택하심을 받은 진실한 자들도 이기리로다"(계 17:14)

사탄과 사탄이 다스리는 세상 나라는 반드시 심판 받고 멸망하고 하나님 나라는 영원합니다.

그러므로 성삼위 하나님의 은혜로 전진하는 하나님 나라 속에서 완성을 향해 나아가며 하나님을 영화롭게 하는 우리 모두가 되기를 기도합니다.

요한계시록 18장 2절

"힘찬 음성으로 외쳐 이르되 무너졌도다 무너졌도다 큰 성 바벨론이여 귀신의 처소와 각종 더러운 영이 모이는 곳과 각종 더럽고 가증한 새들이 모이는 곳이 되었도다"(개역개정판)

"그리고 그가 힘센 음성으로 외쳤다. 말하고 있기를 그 큰 바벨론이 무너졌다. 무너졌다. 그리고 그녀는 귀신들의 처소가 되었다. 그리고 모든 더러운 영의 소굴과 그리고 모든 더러운 새의 소굴 그리고 모든 악하고 혐오스러운 짐승의 소굴"(원문직역)

요한계시록 18장은 하늘에서 내려온 다른 천사가 바벨론 심판에 대해 선포하는 말씀이 기록되어 있습니다.

로마 제국을 상징하는 큰 바벨론에게 심판이 선고 되었습니다.(계 18:2, 8~19)

"있도다 화 있도다 큰 성이여 세마포 옷과 자주 옷과 붉은 옷을 입고 금과 보석과 진주로 꾸민 것인데 그러한 부가 한 시간에 망하였도다"(계 18:16~17)
"티끌을 자기 머리에 뿌리고 울며 애통하여 외쳐 이르되 화 있도다 화 있도다 이 큰 성이여 바다에서 배 부리는 모든 자들이 너의 보배로운 상품으로 치부하였더니 한 시간에 망하였도다"(계 18:19)

큰 바벨론인 로마 제국이 멸망받는 이유는?

첫째, 음행(황제 숭배)으로 모든 나라들을 미혹했기 때문입니다.

"그 음행의 진노의 포도주로 말미암아 만국이 무너졌으며 또 땅의 왕들이 그와 더불어 음행하였으며 땅의 상인들도 그 사치의 세력으로 치부하였도다 하더라"(계 18:3)

둘째, 죄악이 하늘에까지 쌓였고 하나님께서 불의한 행위들을 기억하셨기 때문입니다.

"그의 죄는 하늘에 사무쳤으며 하나님은 그의 불의한 일을 기억하신지라"(계 18:5)

셋째, 사치스러운 삶으로 자신을 영화롭게 했기 때문입니다.

"그가 얼마나 자기를 영화롭게 하였으며 사치하였든지 그만큼 고통과 애통함으로 갚아 주라"(계 18:7상)

넷째, 오만한 자부심으로 가득찼기 때문입니다.

"그가 마음에 말하기를 나는 여왕으로 앉은 자요 과부가 아니라 결단코 애통함을 당하지 아니하리라 하니"(계 18:7하)

다섯째, 심판하시는 하나님이 강하시기 때문입니다.

"그를 심판하시는 주 하나님은 강하신 자이심이라"(계 18:8하)

일곱째, 로마 제국의 귀족들이 자신의 영광을 취했기 때문입니다.

"너의 상인들은 땅의 왕족들이라"(계 18:23하)

여덟째, 우상 숭배와 사치스러움으로 모든 나라들을 미혹했기 때문입니다.

"네 복술로 말미암아 만국이 미혹되었도다"(계 18:23하)

다른 천사로 바벨론의 심판을 선포하는 상황에서 하늘에서의 음성이 하나님의 백성에게 말합니다.

"또 내가 들으니 하늘로부터 다른 음성이 나서 이르되 내 백성아,"(계 18:4상)

하늘에서의 음성은?

첫째, 바벨론과의 철저한 구별된 삶을 살으라는 음성입니다.

"거기서 나와 그의 죄에 참여하지 말고"(계 18:4중)

둘째, 바벨론이 저지르는 죄악에 참여하지 말라는 음성입니다.

"그가 받을 재앙들을 받지 말라 그의 죄는 하늘에 사무쳤으며 하나님은 그의 불의한 일을 기억하신지라"(계 18:4하~5)

그리스도인은 바벨론을 상징하는 세상과 철저하게 구별되는 삶을 살며 세상의 악하고 음란한 죄악에 참여되어서는 안됩니다.

"이 세상이나 세상에 있는 것들을 사랑하지 말라 누구든지 세상을 사랑하면 아버지의 사랑이 그 안에 있지 아니하니 이는 세상에 있는 모든 것이 육신의 정욕과 안목의 정욕과 이생의 자랑이니 다 아버지께로부터 온 것이 아니요 세상으로부터 온 것이라 이 세상도, 그 정욕도 지나가되 오직 하나님의 뜻을 행하는 자는 영원히 거하느니라"(요일 2:15~17)

세상을 사랑하는 사람은 하나님을 사랑하지 않는 사람이고 하나님을 사랑하지 않는 사람은 하나님께서 하나님 나라 백성을 구원하시기 위해 세상 나라를 심판하시는 것을 기뻐할 수 없습니다.

"하늘과 성도들과 사도들과 선지자들아, 그로 말미암아 즐거워하라 하나님이 너희를 위하여 그에게 심판을 행하셨음이라 하더라"(계 18:20)

그러므로 성삼위 하나님의 은혜로 세상과 구별된 거룩과 경건의 위치에서 살아가며 하나님을 영화롭게 하는 우리 모두가 되기를 기도합니다.

요한계시록 19장 11절

> "또 내가 하늘이 열린 것을 보니 보라 백마와 그것을 탄 자가 있으니 그 이름은 충신과 진실이라 그가 공의로 심판하며 싸우더라"(개역개정판)
>
> "그리고 나는 그 하늘이 열려져 있는 것을 보았다. 그리고 보라 흰 말과 그리고 그것 위에 앉아계시고 있는 이 그는 신실과 참됨이라고 불리운다. 그리고 그는 공의로 심판하신다. 그리고 그는 싸우신다"(원문직역)

요한계시록 19장은 바벨론 심판에 대한 경배와 찬양과 어린 양의 혼인 잔치와 예수님의 재림에 대해 기록하고 있습니다.

하나님께서는 성도들을 구원하시기 위해 바벨론을 심판하셨습니다.

승리한 하나의 거룩한 공교회가 하나님께 경배와 찬양을 드립니다.

"이 일 후에 내가 들으니 하늘에 허다한 무리의 큰 음성 같은 것이 있어 이르되 할렐루야 구원과 영광과 능력이 우리 하나님께 있도다"(계 19:1)

승리한 하나의 거룩한 공교회가 바벨론 심판에 대한 경배와 찬양의 내용은?

첫째, 하나님의 참되심과 의로우심입니다.

"그의 심판은 참되고 의로운지라"(계 19:2상)

둘째, 하나님의 종들의 피값을 갚아주심입니다.

"음행으로 땅을 더럽게 한 큰 음녀를 심판하사 자기 종들의 피를 그 음녀의 손에 갚으셨도다 하고"(계 19:2하)

셋째, 음녀에 대한 영원한 멸망입니다.

"두 번째로 할렐루야 하니 그 연기가 세세토록 올라가더라"(계 19:3)

이십사 장로와 네 생물도 심판하시는 하나님을 찬양합니다.

"또 이십사 장로와 네 생물이 엎드려 보좌에 앉으신 하나님께 경배하여 이르되 아멘 할렐루야 하니"(계 19:4)

보좌로부터의 음성은 모든 성도에게 구원을 베푸시는 하나님을 찬양할 것을 명령하십니다.

"보좌에서 음성이 나서 이르시되 하나님의 종들 곧 그를 경외하는 너희들아 작은 자나 큰 자나 다 우리 하나님께 찬송하라 하더라"(계 19:5)

연이어 어린 양의 혼인 잔치 초대의 말씀이 기록되어 있습니다.

어린 양의 혼인 잔치는?

첫째, 하나님의 거룩한 경륜가운데 준비되는 잔치입니다.

"또 내가 들으니 허다한 무리의 음성과도 같고 많은 물 소리와도 같고 큰 우렛소리와도 같은 소리로 이르되 할렐루야 주 우리 하나님 곧 전능하신 이가 통치하시도다"(계 19:6)

둘째, 기뻐하고 즐거워하며 하나님께 영광을 드리는 잔치입니다.

"우리가 즐거워하고 크게 기뻐하며 그에게 영광을 돌리세"(계 19:7상)

셋째, 성도인 신부가 자신을 준비하고 맞이하는 잔치입니다.

"어린 양의 혼인 기약이 이르렀고 그의 아내가 자신을 준비하였으므로"(계 19:7 하)

넷째, 신부인 성도가 찬란하고 맑은 세마포를 입고 맞이하는 잔치입니다.

"그에게 빛나고 깨끗한 세마포 옷을 입도록 허락하셨으니 이 세마포 옷은 성도들의 옳은 행실이로다 하더라"(계 19:8)

다섯째, 성도들이 어린 양의 혼인 잔치에 초대받는 복있는 잔치입니다.

"천사가 내게 말하기를 기록하라 어린 양의 혼인 잔치에 청함을 받은 자들은 복이 있도다 하고 또 내게 말하되 이것은 하나님의 참되신 말씀이라 하기로 내가 그 발 앞에 엎드려 경배하려 하니 그가 나에게 말하기를 나는 너와 및 예수의 증언을 받은 네 형제들과 같이 된 종이니 삼가 그리하지 말고 오직 하나님께 경배하라 예수의 증언은 예언의 영이라 하더라"(계 19:9~10)

어린 양의 혼인 잔치 초대 이후 메시야이신 예수님께서 심판을 위해 재림하시는 말씀이 기록되어 있습니다.

재림하시는 예수님은?

첫째, 흰 말 위에 앉으신 분입니다.

"또 내가 하늘이 열린 것을 보니 보라 백마와 그것을 탄 자가 있으니"(계 19:11상)

예수님께서는 악의 세력을 심판하시는 정복자입니다.

둘째, 신실하시고 참되신 분입니다.

"그 이름은 충신과 진실이라"(계 19:11중)

셋째, 공의로 심판하시고 싸우시는 분입니다.

"그가 공의로 심판하며 싸우더라"(계 19:11하)

넷째, 불의 화염같은 눈을 가지고 계신 분입니다.

"그 눈은 불꽃 같고"(계 19:12상)

사람들의 생각과 마음을 꿰뚫어 보시는 분입니다.

다섯째, 머리에 많은 면류관을 가지신 분입니다.

"그 머리에는 많은 관들이 있고"(계 19:12중)

세상의 모든 왕권을 다스리는 분입니다.

여섯째, 자신 외에 아무도 알수 없는 이름을 가지신 분입니다.

"또 이름 쓴 것 하나가 있으니 자기밖에 아는 자가 없고"(계 19:12하)

예수님 이외에는 예수님의 속성과 삼위일체 하나님과의 관계와 사람과의 관계를 완전히 알수 없고 예수님만이 사람의 이해를 초월해서 완전하게 알고 계시는 분입니다.

일곱째, 대적들의 피로적셔진 옷을 입으신 분입니다.

"또 그가 피 뿌린 옷을 입었는데"(계 19:13상)

여덟째, 하나님 말씀이라는 이름을 가지신 분입니다.

"그 이름은 하나님의 말씀이라 칭하더라"(계 19:13하)

아홉째, 하늘 군대인 성도들에게 심판의 사역에 참여시키시는 분입니다.

"하늘에 있는 군대들이 희고 깨끗한 세마포 옷을 입고 백마를 타고 그를 따르더라"(계 19:14)

열번 째, 날카로운 칼과 철 막내기로 나라들을 치시는 분입니다.

"그의 입에서 예리한 검이 나오니 그것으로 만국을 치겠고 친히 그들을 철장으로 다스리며"(계 19:15상)

열 한 번째, 심판사역을 완전하게 하시는 분입니다.

"또 친히 하나님 곧 전능하신 이의 맹렬한 진노의 포도주 틀을 밟겠고"(계 19:15하)

열 두 번째, 옷과 허벅지에 이름이 기록되신 분입니다.

"그 옷과 그 다리에 이름을 쓴 것이 있으니"(계 19:16상)

심판의 주로 자신의 능력과 위엄을 완전하게 드러내시는 분입니다.

열 세 번째, 만 왕의 왕이시고 만 주의 주이신 분입니다.

"만왕의 왕이요 만주의 주라 하였더라"(계 19:16하)

열 네 번째, 짐승의 군대들을 심판하시는 분입니다.

"또 내가 보니 한 천사가 태양 안에 서서 공중에 나는 모든 새를 향하여 큰 음성으로 외쳐 이르되 와서 하나님의 큰 잔치에 모여 왕들의 살과 장군들의 살과 장사들의 살과 말들과 그것을 탄 자들의 살과 자유인들이나 종들이나 작은 자나 큰 자나

> 모든 자의 살을 먹으라 하더라"(계 19:17~18)
> "그 나머지는 말 탄 자의 입으로부터 나오는 검에 죽으매 모든 새가 그들의 살로 배불리더라"(계 19:21)

열 다섯 번째, 두 짐승을 유황으로 타오르는 불의 호수로 던지시는 분입니다.

> "짐승이 잡히고 그 앞에서 표적을 행하던 거짓 선지자도 함께 잡혔으니 이는 짐승의 표를 받고 그의 우상에게 경배하던 자들을 표적으로 미혹하던 자라 이 둘이 산 채로 유황불 붙는 못에 던져지고"(계 19:20~21)

성도를 핍박했던 음녀 바벨론은 심판 받고 성도는 어린 양의 혼인잔치에 초대 받고 예수님은 재림하셔서 두 짐승을 유황으로 타오르는 불의 호수로 던지시고 짐승의 군대들을 심판하십니다.

그리스도인은 어떠한 상황 가운데에도 패배가 아니라 승리하는 사람들입니다.

그러므로 성삼위 하나님의 은혜로 영적 전쟁에서 승리하며 하나님을 영화롭게 하는 우리 모두가 되기를 기도합니다.

요한계시록 20장 6절

"이 첫째 부활에 참여하는 자들은 복이 있고 거룩하도다 둘째 사망이 그들을 다스리는 권세가 없고 도리어 그들이 하나님과 그리스도의 제사장이 되어 천 년 동안 그리스도와 더불어 왕 노릇 하리라"(개역개정판)

"이 첫째 그 부활 안에 몫을 가지고 있는 자는 복되고 거룩하다. 이 둘째 사망은 이들에 대한 권세를 갖지 않는다. 그러나 그들은 그 하나님과 그 그리스도의 제사장들이 될 것이다. 그리고 그들은 그와 함께 천년 동안 통치할 것이다"(원문직역)

요한계시록 20장은 사탄을 상징하는 용에 대한 심판과 예수님의 초림과 재림 사이에 예수님의 다스림에 참여되는 교회 공동체와 용의 추종자들에 대한 심판의 말씀이 기록되어 있습니다.

심판받는 용은?

첫째, 예수님의 십자가 대속 사역으로 초림과 재림사이에 "아뷔소스"(무저갱)에 갇힙니다.

"또 내가 보매 천사가 무저갱의 열쇠와 큰 쇠사슬을 그의 손에 가지고 하늘로부터 내려와서 용을 잡으니 곧 옛 뱀이요 마귀요 사탄이라 잡아서 천 년 동안 결박하여 무저갱에 던져 넣어 잠그고 그 위에 인봉하여 천 년이 차도록 다시는 만국을 미혹하지 못하게 하였는데"(계 20:1~3상)

용이 상징하는 사탄은 하나님의 허락 가운데 활동하고 있지만 그 신

분은 이미 심판받은 존재입니다.

둘째, 하나님의 거룩한 경륜가운데 초림과 재림사이의 끝자락에 영원한 불과 유황의 호수로 던져지기 위한 명분을 쌓기 위해 잠시 풀려납니다.

"그 후에는 반드시 잠깐 놓이리라"(계 20:3하)

셋째, 하나님께서 정한 시간에 사탄은 감옥에서 잠시 풀려나 땅의 사방 나라를 미혹하는 활동을 합니다.

"천 년이 차매 사탄이 그 옥에서 놓여 나와서 땅의 사방 백성 곧 곡과 마곡을 미혹하고 모아 싸움을 붙이리니 그 수가 바다의 모래 같으리라"(계 20:7~8)

영적인 긴장 상태가 최고조에 이르게 됩니다.

넷째, 사탄은 땅의 사방 나라를 미혹하여 영적 전쟁을 일으키지만 패배합니다.

"그들이 지면에 널리 퍼져 성도들의 진과 사랑하시는 성을 두르매 하늘에서 불이 내려와 그들을 태워버리고"(계 20:9)

다섯째, 불과 유황 호수로 던져집니다.

"또 그들을 미혹하는 마귀가 불과 유황 못에 던져지니 거기는 그 짐승과 거짓 선지자도 있어 세세토록 밤낮 괴로움을 받으리라"(계 20:10)

예수님의 초림과 재림 사이인 신약 교회 시대에 예수님의 거룩한 다스림에 참여되는 교회 공동체인 하나의 거룩한 공교회에 속한 지체된 성도는?

첫째, 배도와 배교하지 않는 사람들입니다.

"또 내가 보좌들을 보니 거기에 앉은 자들이 있어 심판하는 권세를 받았더라 또 내가 보니 예수를 증언함과 하나님의 말씀 때문에 목 베임을 당한 자들의 영혼들과 또 짐승과 그의 우상에게 경배하지 아니하고 그들의 이마와 손에 그의 표를 받지 아니한 자들이 살아서 그리스도와 더불어 천 년 동안 왕 노릇 하니 (그 나머지 죽은 자들은 그 천 년이 차기까지 살지 못하더라)"(계 20:4~5상)

둘째, 중생한 사람들입니다.

"이는 첫째 부활이라"(계 20:5하)

셋째, 영원한 심판을 받지 않는사람들입니다.

"이 첫째 부활에 참여하는 자들은 복이 있고 거룩하도다 둘째 사망이 그들을 다스리는 권세가 없고"(계 20:6상)

넷째, 왕같은 제사장의 사명을 담당하는 사람들입니다.

"도리어 그들이 하나님과 그리스도의 제사장이 되어 천 년 동안 그리스도와 더불어 왕 노릇 하리라" (계 20:6하)

용을 추종하고 심판받는 사람들은?

첫째, 생명책에 기록되지 않은 자들입니다.

"또 내가 크고 흰 보좌와 그 위에 앉으신 이를 보니 땅과 하늘이 그 앞에서 피하여 간 데 없더라 또 내가 보니 죽은 자들이 큰 자나 작은 자나 그 보좌 앞에 서 있는데 책들이 펴 있고 또 다른 책이 펴졌으니 곧 생명책이라"(계 20:11~12상)

"누구든지 생명책에 기록되지 못한 자는 불못에 던져지더라"(계 20:15)

둘째, 자신의 행위대로 심판받는 자들입니다.

"죽은 자들이 자기 행위를 따라 책들에 기록된 대로 심판을 받으니"(계 20:12하)

셋째, 영벌의 심판을 받기위해 부활합니다.

"바다가 그 가운데에서 죽은 자들을 내주고 또 사망과 음부도 그 가운데에서 죽은 자들을 내주매"(계 20:13상)

넷째, 자신의 행위대로 심판 받고 영원한 사망인 불의 호수로 던져집니다.

"각 사람이 자기의 행위대로 심판을 받고 사망과 음부도 불못에 던져지니 이것은 둘째 사망 곧 불못이라"(계 20:13하~14)

용과 짐승과 짐승의 제사장(거짓 선지자)인 둘째 짐승과 용을 추종하는 세상의 왕들과 무리들과 생명책에 이름이 기록되지 못한 자들은 불과 유황의 호수로 던져집니다.

배도와 배교하지 않고 예수님과 더불어 왕같은 제사장의 사명을 담당한 그리스도인들은 계시록 21장에 나오는 새 예루살렘(완성된 교회)과 계시록 22장에 나오는 새 하늘과 새 땅을 기업으로 받게 됩니다.

그러므로 성삼위 하나님의 은혜로 왕같은 제사장의 사명을 감당하며 하나님을 영화롭게 하는 우리 모두가 되기를 기도합니다.

요한계시록 21장 1절

"또 내가 새 하늘과 새 땅을 보니 처음 하늘과 처음 땅이 없어졌고 바다도 다시 있지 않더라"(개역개정판)

"그리고 나는 새 하늘과 새 땅을 보았다. 이는 그 처음 하늘과 그 처음 땅이 사라졌기 때문이다. 그리고 그 바다가 다시 있지 않기 때문이다"(원문직역)

요한계시록 21장은 새창조와 새예루살렘에 대한 말씀입니다.

새 하늘과 새 땅인 새창조는 이미 존재하고 있는 처음 하늘과 처음 땅을 새롭게 갱신한 것입니다.

> "또 내가 새 하늘과 새 땅을 보니 처음 하늘과 처음 땅이 없어졌고 바다도 다시 있지 않더라"(계 21:1)
>
> "처음 것들이 다 지나갔음이러라 보좌에 앉으신 이가 이르시되 보라 내가 만물을 새롭게 하노라 하시고 또 이르시되 이 말은 신실하고 참되니 기록하라 하시고 또 내게 말씀하시되 이루었도다 나는 알파와 오메가요 처음과 마지막이라"(계 21:4하~6상)

새예루살렘은 구속의 거룩한 경륜가운데 완성된 교회입니다.

> "또 내가 보매 거룩한 성 새 예루살렘이 하나님께로부터 하늘에서 내려오니 그 준비한 것이 신부가 남편을 위하여 단장한 것 같더라 내가 들으니 보좌에서 큰 음성이 나서 이르되 보라 하나님의 장막이 사람들과 함께 있으매 하나님이 그들과 함께 계시리니 그들은 하나님의 백성이 되고 하나님은 친히 그들과 함께 계셔서 모든 눈물을 그 눈에서 닦아 주시니 다시는 사망이 없고 애통하는 것이나 곡하는 것이나 아픈 것이 다시 있지 아니하리니"(계 22:2~4상)

새예루살렘은?

첫째, 예수님의 신부이고 어린 양의 아내입니다.

"일곱 대접을 가지고 마지막 일곱 재앙을 담은 일곱 천사 중 하나가 나아와서 내게 말하여 이르되 이리 오라 내가 신부 곧 어린 양의 아내를 네게 보이리라 하고"(계 21:9)

둘째, 완성된 교회 공동체입니다.

"성령으로 나를 데리고 크고 높은 산으로 올라가 하나님께로부터 하늘에서 내려오는 거룩한 성 예루살렘을 보이니"(계 21:10)

셋째, 하나님 영광을 드러내는 속성을 가지고 있는 교회 공동체입니다.

"하나님의 영광이 있어 그 성의 빛이 지극히 귀한 보석 같고 벽옥과 수정 같이 맑더라"(계 21:11)

넷째, 완전한 안전과 장엄함을 가지고 있는 교회 공동체입니다.

"크고 높은 성곽이 있고"(계 21:12상)

다섯째, 하나님과 완전한 교제를 나누는 승리의 교회 공동체입니다.

"열두 문이 있는데 문에 열두 천사가 있고"(계 21:12중)

여섯째, 언약으로서의 구약 교회(구약의 이스라엘 백성)와 성취로서의 신약 교회로 구성되어 있는 교회 공동체입니다.

"그 문들 위에 이름을 썼으니 이스라엘 자손 열두 지파의 이름들이라 동쪽에 세 문, 북쪽에 세 문, 남쪽에 세 문, 서쪽에 세 문이니 그 성의 성곽에는 열두 기초석이 있고 그 위에는 어린 양의 열두 사도의 열두 이름이 있더라 내게 말하는 자가 그 성과 그 문들과 성곽을 측량하려고 금 갈대 자를 가졌더라 그 성은 네모가 반

듯하여 길이와 너비가 같은지라 그 갈대 자로 그 성을 측량하니 만 이천 스다디온 이요 길이와 너비와 높이가 같더라 그 성곽을 측량하매 백사십사 규빗이니 사람의 측량 곧 천사의 측량이라"(계 21:12하~17)

일곱째, 삼위일체 하나님과 예수 그리스도의 속성과 성품을 닮은 교회 공동체입니다.

"그 성곽은 벽옥으로 쌓였고 그 성은 정금인데 맑은 유리 같더라 그 성의 성곽의 기초석은 각색 보석으로 꾸몄는데 첫째 기초석은 벽옥이요 둘째는 남보석이요 셋째는 옥수요 넷째는 녹보석이요 다섯째는 홍마노요 여섯째는 홍보석이요 일곱째는 황옥이요 여덟째는 녹옥이요 아홉째는 담황옥이요 열째는 비취옥이요 열한째는 청옥이요 열두째는 자수정이라 그 열두 문은 열두 진주니 각 문마다 한 개의 진주로 되어 있고 성의 길은 맑은 유리 같은 정금이더라"(계 21:18~21)

여덟째, 성전의 본질인 하나님과 어린 양 예수님이 임재하는 교회 공동체입니다.

"성 안에서 내가 성전을 보지 못하였으니 이는 주 하나님 곧 전능하신 이와 및 어린 양이 그 성전이심이라"(계 21:22)

아홉째, 하나님의 영광의 빛과 어린 양의 빛으로 충만한 교회 공동체입니다.

"그 성은 해나 달의 비침이 쓸 데 없으니 이는 하나님의 영광이 비치고 어린 양이 그 등불이 되심이라"(계 21:23)

열번 째, 하나님의 영원한 작정의 첫머리와 구속의 절정인 하나님의 영광을 드높이는 교회 공동체입니다.

"만국이 그 빛 가운데로 다니고 땅의 왕들이 자기 영광을 가지고 그리로 들어가리라 낮에 성문들을 도무지 닫지 아니하리니 거기에는 밤이 없음이라 사람들이 만국의 영광과 존귀를 가지고 그리로 들어가겠고"(계 21:24~26)

새창조인 새 하늘과 새 땅과 전투적 교회와 승리의 교회의 완성인 교회 공동체인 새예루살렘은 이기는 그리스도인들에게 유업으로 주어집니다.

> "내가 생명수 샘물을 목마른 자에게 값없이 주리니 이기는 자는 이것들을 상속으로 받으리라 나는 그의 하나님이 되고 그는 내 아들이 되리라"(계 21:6~7)

어린 양의 생명의 책에 기록된 자들만 들어갑니다.

> "오직 어린 양의 생명책에 기록된 자들만 들어가리라"(계 21:27하)

불신자와 배도와 배교하는 자에게는 주어지지 않고 불과 유황의 호수로 던져집니다.

> "그러나 두려워하는 자들과 믿지 아니하는 자들과 흉악한 자들과 살인자들과 음행하는 자들과 점술가들과 우상 숭배자들과 거짓말하는 모든 자들은 불과 유황으로 타는 못에 던져지리니 이것이 둘째 사망이라"(계 21:8)
> "무엇이든지 속된 것이나 가증한 일 또는 거짓말하는 자는 결코 그리로 들어가지 못하되"(계 21:27상)

그러므로 성삼위 하나님의 은혜로 영적 전쟁에서 날마다 승리하며 하나님을 영화롭게 하는 우리 모두가 되기를 기도합니다.

요한계시록 22장 20절

"이것들을 증언하신 이가 이르시되 내가 진실로 속히 오리라 하시거늘 아멘 주 예수여 오시옵소서"(개역개정판)

"이것들을 그 증거하시고 있는 이가 말씀하신다. 확실히 내가 신속히 온다. 아멘, 주 예수여 오시옵소서"(원문 직역)

요한계시록 22장은 새예루살렘에 대한 계속된 말씀과 요한계시록을 마무리하는 에필로그 말씀이 기록되어 있습니다.

새예루살렘은?

첫째, 생명이 충만한 교회 공동체입니다.

"또 그가 수정 같이 맑은 생명수의 강을 내게 보이니 하나님과 및 어린 양의 보좌로부터 나와서 길 가운데로 흐르더라"(계 22:1~2상)
"다시 저주가 없으며"(계 22:3상)

둘째, 에덴 회복의 완성이며 하나님 나라 완성인 교회 공동체입니다.

"강 좌우에 생명나무가 있어 열두 가지 열매를 맺되 달마다 그 열매를 맺고 그 나무 잎사귀들은 만국을 치료하기 위하여 있더라"(계 22:2)
"여호와 하나님이 그 땅에서 보기에 아름답고 먹기에 좋은 나무가 나게 하시니 동산 가운데에는 생명 나무와 선악을 알게 하는 나무도 있더라"(창 2:9)

셋째, 하나님과 어린 양의 보좌가 있는 교회 공동체입니다.

"하나님과 그 어린 양의 보좌가 그 가운데에 있으리니"(계 22:3상)

넷째, 하나님의 종들인 성도들이 예배드리는 교회 공동체입니다.

"그의 종들이 그를 섬기며"(계 22:3하)

다섯째, 하나님 얼굴을 직접 보는 교회 공동체입니다.

"그의 얼굴을 볼 터이요"(계 22:4상)

하나님과의 막힘없는 교제가 계속 이루어지는 은총이 있는 곳입니다.

여섯째, 하나님 소유로 하나님과의 긴밀한 교제가 이루어지는 교회 공동체입니다.

"그의 이름도 그들의 이마에 있으리라"(계 22:4하)

일곱째, 하나님 영광이 가득찬 교회 공동체입니다.

"다시 밤이 없겠고 등불과 햇빛이 쓸 데 없으니 이는 주 하나님이 그들에게 비치심이라"(계 22:5상)

여덟째, 영원히 왕 노릇 하는 교회 공동체입니다.

"그들이 세세토록 왕 노릇 하리로다"(계 22:5하)

하나님 종들인 교회 공동체가 영원토록 왕 노릇 한다는 것은 불신자를 다스리거나 성도가 성도를 다스린다는 의미가 아니라 새롭게 된 만물을 통치하는 사역을 가르치는 것입니다.

마무리하는 에필로그 말씀은?

첫째, 요한계시록의 말씀은 참되고 신실한 말씀입니다.

"또 그가 내게 말하기를 이 말은 신실하고 참된지라 주 곧 선지자들의 영의 하나님이 그의 종들에게 반드시 속히 되어질 일을 보이시려고 그의 천사를 보내셨도다"(계 22:6)

둘째, 예수님께서는 부활하시고 승천하신 이후 신성의 편재성으로 당신의 영인 성령으로 성령님을 통하여 상시적으로 오시고 상시적 오심의 절정으로 재림하십니다.

"보라 내가 속히 오리니"(계 22:7상)

"이것들을 증언하신 이가 이르시되 내가 진실로 속히 오리라 하시거늘"(계 22:20상)

셋째, 말씀에 순종하는 자에게 구원의 복이 있습니다.

"이 두루마리의 예언의 말씀을 지키는 자는 복이 있으리라 하더라"(계 22:7하)

넷째, 성도는 하나님께만 예배드리는 사람입니다.

"이것들을 보고 들은 자는 나 요한이니 내가 듣고 볼 때에 이 일을 내게 보이던 천사의 발 앞에 경배하려고 엎드렸더니 그가 내게 말하기를 나는 너와 네 형제 선지자들과 또 이 두루마리의 말을 지키는 자들과 함께 된 종이니 그리하지 말고 하나님께 경배하라 하더라"(계 22:8~9)

다섯째, 종말적 성취의 말씀인 요한계시록의 말씀은 항상 열려져 있어야 합니다.

"또 내게 말하되 이 두루마리의 예언의 말씀을 인봉하지 말라 때가 가까우니라"(계 22:10)

여섯째, 의인과 악인의 반응은 결정된 하나님의 뜻입니다.

"불의를 행하는 자는 그대로 불의를 행하고 더러운 자는 그대로 더럽고 의로운 자는 그대로 의를 행하고 거룩한 자는 그대로 거룩하게 하라"(계 22:11)

일곱째, 믿음의 행위에 대한 구원의 상이 있습니다.

"보라 내가 속히 오리니 내가 줄 상이 내게 있어 각 사람에게 그가 행한 대로 갚아 주리라"(계 22:12)

하나님께서 베풀어 주시는 구원의 상은 새창조인 새 하늘과 새 땅을 기업으로 받는 것과 새예루살렘인 교회 공동체의 지체가 되는 것입니다.

영광스럽고 황송한 은총입니다.

여덟째, 예수님은 하나님과 동일한 본질과 동등한 영광과 동시 선제하신 분으로 역사의 시작부터 끝까지 다스리는 분입니다.

"나는 알파와 오메가요 처음과 마지막이요 시작과 마침이라"(계 22:13)

아홉째, 성도는 예수님의 보혈로 씻김받고 거룩과 성결의 위치에서 사는 사람입니다.

"자기 두루마기를 빠는 자들은 복이 있으니"(계 22:14상)

열 번째, 성도는 새예루살렘으로 들어가 생명 나무의 열매를 먹는 특권이 주어져 있습니다.

"이는 그들이 생명나무에 나아가며 문들을 통하여 성에 들어갈 권세를 받으려 함이로다"(계 22:14하)

열 한 번째, 불신자와 배도자와 배교자는 새예루살렘으로 상징되는 하나의 거룩한 공교회인 교회 공동체에 속하지 못하게 됩니다.

"개들과 점술가들과 음행하는 자들과 살인자들과 우상 숭배자들과 및 거짓말을 좋아하며 지어내는 자는 다 성 밖에 있으리라"(계 22:15)

열 두 번째, 예수님은 하나님께서 아브라함과 맺으신 언약을 이루시기 위해서 오신 다윗의 후손이며 메시야이신 분입니다.

"나 예수는 교회들을 위하여 내 사자를 보내어 이것들을 너희에게 증언하게 하였노라 나는 다윗의 뿌리요 자손이니 곧 광명한 새벽 별이라 하시더라"(계 22:16)

열 세 번째, 성령님과 교회 공동체는 세상을 향하여 성령님을 받고 새사람되어 예수님 재림 전에 하나의 거룩한 공교회의 지체가 되라고 초대합니다.

"성령과 신부가 말씀하시기를 오라 하시는도다 듣는 자도 오라 할 것이요 목마른 자도 올 것이요 또 원하는 자는 값없이 생명수를 받으라 하시더라"(계 22:17)

열 네 번째, 요한계시록의 말씀을 자신의 사상이나 욕심으로 왜곡하여 교회 공동체를 해롭게 하지 말라고 말씀하십니다.

"내가 이 두루마리의 예언의 말씀을 듣는 모든 사람에게 증언하노니 만일 누구든지 이것들 외에 더하면 하나님이 이 두루마리에 기록된 재앙들을 그에게 더하실 것이요 만일 누구든지 이 두루마리의 예언의 말씀에서 제하여 버리면 하나님이 이 두루마리에 기록된 생명나무와 및 거룩한 성에 참여함을 제하여 버리시리라"(계 22:18~19)

이 말씀은 요한계시록 본문을 해석하고 드러내기 위하여 글자와 글귀를 가감하는 것을 가르치는 말씀이 아닙니다.

열 다섯 번째, 교회는 예수님의 상시적 오심과 상시적 오심의 절정인 예수님 재림을 소망하는 공동체입니다.

"아멘 주 예수여 오시옵소서"(계 22:20하)

열 여섯 번째, 용(사탄)과 바벨론(로마제국)의 공격의 대상인 교회 공동체에게 예수님의 은혜가 임하기를 간절히 바라고 있습니다.

"주 예수의 은혜가 모든 자들에게 있을지어다 아멘"(계 22:21)

요한계시록은 무섭고 두려운 말씀이 아닙니다.

종말과 재림을 가르치고 있지만 단순한 재림에 대한 말씀이 아닙니다.

예수님의 초림과 재림사이인 종말 시대에 사는 그리스도인의 삶을 가르치는 말씀입니다.

그러므로 성삼위 하나님의 은혜로 성도의 바른 위치에서 하나님 나라를 드러내며 하나님을 영화롭게 하는우리 모두가 되기를 기도합니다..

이 책의 출판소식에 전해온 찬사들

강대춘 은퇴목사

본인이 저자를 알고 교제하기는 1981년 합신(5회)에 입학하면서부터 41년, 오늘에 이르렀기에 저자의 학문과 인품과 성격상 많은 독자들도 한 번 빠지면 나올 수 없는 블랙홀이 되리라 생각한다. 저자는 성경주석가이다. 성경주석에 필요한 조직신학과 교회사와 교회법과 원문의 해박한 지식과 경건이 있다.

김선일 목사 | 본이되는교회 원로

저자가 평소에 성경을 원문으로 직역하고 간단히 주석한 것을 이메일로 보내주어 받게 되었습니다. 그것은 성경내용을 명확하게 파악할 수 있게 했습니다. 거기에 달아놓은 핵심내용은 구속사적이요 철저히 하나님께만 의존하는 말씀중심의 신앙이요 성경과 하나님께서 말씀하시고자 하시는 핵심내용을 드러내어 크게 유익하였습니다.

고형근 목사 | 큰사랑교회

성경을 연구하는 작업은 즐겁고 행복하면서도 힘든 작업입니다. 김상수 목사님은 원문을 읽고, 직역하면서, 그 결과물을 평소에 카톡을 통해서 나눔을 하셨습니다. 성경을 성경으로 해석하려고 하셨으며, 무엇보다 성삼위 하나님을 드러내려고 애를 쓰셨습니다. 하나님께서 크게 기뻐하실 일이라고 여겨집니다.

김광수 목사 | 밀알교회 원로

제가 잘 알고 있는 김상수 목사님은 오직 성경에서만 이 해답을 찾고 영적으로 성령이 충만한 가운데에서 모든 사람들에게 소망을 주십니다. 그러기에 이 책을 통해 주님의 참된 제자로 교회를 섬기며 신앙생활을 훌륭하게 하도록 큰 힘이 되는 지침서가 될 것입니다. 독자에게 영혼을 깨울 수 있기를 기대하며 기도드립니다.

김광욱 목사 | 한샘교회

이 책은 누구나 접할 수 있도록 간단하고 쉬운 것 같으면서도 설교자에게는 귀한 영감을 성도에게는 넘치는 은혜를 신학연구자에게는 귀한 연구 자료를 제공할 보고가 될 것입니다.

김기일 장로 | 캡스톤 주님의교회, 국제 CBMC 부이사장 토론토

매일, 아침마다 대하는 목사님의 묵상은 대할 때마다 아름답고 맑은 영혼의 편지 같습니다. 이 시대에 다시 쓰여 지는 솔로몬의 묵상, 생명의 글들이 영혼들을 일깨워 주고 사랑하는 주님과 손잡고 살아가고자 하시는 모든 분들에게 영원한 사랑의 편지가 되시기를 바랍니다.

김상균 목사 | 제자된교회

성경 원문에 담긴 오묘한 교훈들을 성령의 지혜를 구하는 가운데 한 절, 한 절 연구하며 기록한 말씀들은 마치 성경의 깊은 우물에서 지금 막 길어 퍼 올린 생수와 같다는 느낌이다. 목회 35년, 평생 복음 메시지를 증거 해 온 저자가 깊은 연구와 묵상을 통해 감추인 보배를 찾는 듯(잠 2:4) 교훈을 담았기에 더욱 울림이 있다.

김조이 선교사 | 아프리카 말라위

서 있는 것만으로도 치열한 영적 전투현장에서, 히브리어와 헬라어 원어에 충실하게 깊이깊이 내린 우물물 두레박처럼 길어 올리신 생명수 말씀을 말라위까지 보내 주셔서 '지꼬모=감사합니다'. 그 생수를 선교현장에 고스란히 흘려보내며, 진리 예수 그리스도를 힘차게 전할 수 있었습니다. 모든 영광 하나님께. Soli Deo Glatia.

김태준 원로목사 | 중동교회

김상수 목사의 말씀을 묵상은 읽을수록 성경을 이해하고 말씀사역에 힘이 되며 유익함을 누린다. 말씀의 본래의 뜻을 정확히 알 수 있도록 원어의 의미를 담아내며, 문맥을 따라 핵심이 되는 내용을 질서 있게 정리해 주고 있다. 성경본문의 내용 파악을 잘 할 수 있도록 해 주고 있다. 여기에 묵상해서 살을 붙이면 훌륭한 설교가 된다. 이 내용을 묶어 책으로 내게 되니 심히 기쁘다.

김형원 목사 | 주님의 교회

김상수 목사님은 성경 말씀을 원문을 통해서 보다 원초적으로 하나님의 뜻을 깨닫고자 매일 연구한 것을 카톡으로 보내 주셨습니다. 아침마다 귀한 연구의 결과를 읽으면서 오직 말씀대로 살리라 다짐했던 목회 초심으로 돌아가곤 하였습니다. 감사합니다.

김호성 목사, 선교사 | 미동부, 뉴욕성시화운동 대표

창조주 하나님을 찬송함이 끊어지며, 하나님과 대면하는 기도조차 끊어지며, 세상이 심히 어두움으로 들어가고 있는 시대에, 김상수 목사님의 매일의 묵상은 우리들의 혼잡한 마음과 영혼이 평안으로 인도되어 잔잔한 호수와 같은 평안을 느끼게 해주며, 쉴만한 물가와 푸른 초장으로 우리들을 인도해 주고 있습니다.

박찬민 목사 | 양주 명성교회

군더더기 없이 간결하고 명쾌한 성경 원문 번역과, 성경 스스로 성경을 해석하게 하는 쉽고도 심오한 성경강해가, 인공조미료를 넣지 않은 순수 자연식품처럼 날것 그대로 성경의 진미를 맛보게 해주는 이제껏 그 누구도 시도해보지 않은 신기원의 지평을 연 성경번역 강해서이다.

박형서 선교사 | 한민족고구마나눔운동본부 대표

김상수 목사님은 영혼을 위한 샘물을 길어 섬기시는 교회의 성도와 그리스도 예수 안의 지체들에게 퍼 나르시는 종이십니다. 12년이 넘도록 오대양 육대주로 맑은 영혼의 생수를 하루도 빠짐없이 퍼 나르셨습

니다. 주님께서 세우신 성령의 사람, 말씀의 공명 나팔 소리였습니다. 하나님의 마음을 헤아리며 깊은 말씀의 은혜로 하나님의 이름을 찬양하게 되기를 기도합니다.

방예배 선교사 | 카자흐스탄

선교지에서 날마다 아침을 맞이하며 김상수 목사님의 말씀 묵상을 읽습니다. 메마른 광야 같은 삶의 현장에서 말씀 묵상을 통해 하늘의 은혜를 갈망합니다. 나와 이웃들의 삶 속에 하나님의 말씀이 샘물처럼 흘러 넘쳐 우리 안에 예수님의 생명이 가득하기를 소망합니다.

배현주 목사 | 주교개혁장로교회

이 저서는 김상수 목사님께서 주명교회의 성도들에게 카톡으로 보내는 매일 한 장의 성경을 일목요연하게 정리하였다는 장점이 있다. 그래서 특히 매일 새벽기도를 인도하는 목회자들에게 매우 유익 하리라고 본다. 저자가 원문의 분석까지 마치시고 정리한 이 메시지는 즉시 설명 할 수 있기 때문이다.

백경진 선교사 | 마다가스카르

매일, 흔들릴 수밖에 없는 환경 속에서 더욱 하나님을 중심으로 성경을 바라보고 또한 하나님의 인류 구원을 향한 그 분의 사랑과 은혜를 체험 할 수 있었습니다. 특히 전반적인 묵상의 내용이 철저하게 하나님의 말씀 중심이라는 점에서 영원히 변치 않으시는 하나님을 알아 가는데 더욱 한걸음 나아갈 수 있었습니다.

손경순 선교사 | 필리핀

2013년부터 오늘까지 아침마다 보내주시는 짧은 묵상의 말씀이 저에게는 매일 매일 새 아침을 여는 밝은 문입니다. 더욱이 그 날의 본문 말씀을 원문으로 직역 해 주셔서 좀 더 이해하기가 쉬었습니다. 카톡으로 보내 주셔서 소수의 사람만 읽을 수 있었던 묵상의 말씀이 책으로 엮어져 많은 분들이 읽을 수 있다니 감사합니다.

송은근 목사 | 새로남교회

김상수 목사님께서 아침마다 보내주시는 말씀은 사막을 출발하는 첫 걸음에 내 영혼에 새벽이슬과 하늘의 만나(Dailly bread)를 주심과 같이 느낍니다. 이 만나를 새벽에 성도들과 나누기도 합니다. 감사합니다.

심성형 선교사 | R국

할렐루야! 하나님의 은혜입니다. 하나의 책은 하나님을 알아가는 징검다리와 같다고 볼 수 있습니다. 작은 강물이 흘러서 큰 바다로 모이는 것처럼 말씀 하나하나 모여 큰 말씀을 이루는 은혜를 경험합니다. 2014년, 이 말씀을 처음 받을 때 생각이 납니다. 개혁주의 입장에서 말씀을 배워야 한다고 가르쳐 주신 김상수 목사님께 감사를 드립니다.

윤여성 목사 | 열린문교회

많은 성도가 이런 목마름을 느끼는 그런 형편 속에 처해 있을 때 '합신'에서 만난 우리 친구 김상수 목사는 개혁주의 신학에 바탕한 계시적 혜안과 해석을 담은 온라인 말씀 사역을 하며 매진해 왔습니다. 저는 처음부터, 이 단톡방의 단골손님으로 오늘까지 큰 혜택을 누려 왔습니다. 그는 폭 넓은 목회의 영지를 확장시키며 수많은 사람들에게 그의 영적 기쁨과 축복을 베풀기에 지치지 않았습니다.

이선상 대표 | 썬디스플레이, 전나사렛형제들신협이사장

언제부터인가 잠언서를 보면서 깊이가 있는 묵상 나눔으로 생각해 보았다. 목사님의 탐구는 한 두 개, 서너 개가 아니라 배 이상의 깊이가 번호로 나열된다. 그것이 원문에 입각하니 저렇게 다채로운 관점을 갖게 되는구나, 이런 생각을 종종 했었다. 한 가지, 한 가지 내용들이 때로는 깊고 넓어서 묵상하는 사람 입장에서는 참 좋은 교보재가 된 듯 싶다.

이진희 선교사 | 나이지리아

김상수 목사님의 카톡 큐티는 한 줄기의 맑은 물이 목을 축이는 것 같았습니다. 기본에서 벗어나지 아니하고 차분하게 본문에 충실하게 풀어가는 말씀은 하나님의 마음을 알아 가는데 아름다운 길잡이 역할을 하고 있습니다. 기독교인의 삶을 바르게 훈련하는데 귀한 길잡이라고 사료됩니다.

조평안 선교사 | 베트남

365일 하루도 빼놓지 않고 사모님을 통해 보내주시는 주명교회 김상수 목사님의 아침 큐티는 매일 아침 말씀을 깊이 있게 들여다보게 하며 생각하게 하고 또한 깨닫게 하는 생수와 같고 만나와 같은 젖줄이다. 선교사역에 큰 힘이 된다.

주승규 선교사 | 일본 사와라 그리스도교회

답답하고 어두운 코로나 시대에 시원한 얼음 생수 생명수 넘치는 말씀! 코로나로 인한 팬더믹 속에서 공포에 떠는 모든 이에게 예수 그리스도를 통하여 생명의 빛과 소망과 확신을 공급해 주는 말씀입니다. 항상 말씀과 복음 전파의 열정이 가득하신 저자의 매일 큐티를 읽으며, 일본선교 1퍼센트 벽을 통과하는데 많은 힘이 되고 있습니다.

최동주 목사 | 석천제일교회

저자에게서 진리의 말씀을 원어 중심으로 해석하여 원리를 찾아 적용하시는 연구와 삶은 구도자적 모습을 볼 수 있었다. 매일 보내주시는 김 목사님의 성경석의를 토대로 설교 본분을 점검하여 오류를 찾아냈고 수정 보완하여 설교를 마무리하는 습관이 생겼다. 이렇게 책으로 발간될 수 있는 기회를 주신 것에 하나님께 진심으로 감사를 드린다.

황진호 선교사 | 한태글로벌문화센터 대표

몇 년 전부터 멀리 떨어져 있는 태국에까지 하루도 빠짐없이 매일 아침 카톡으로 김상수 목사님의 큐티를 보내주고 계신다. 목사님의 수고와 헌신으로 하나님의 말씀을 더 깊이 있게 묵상하고 기도하므로 하나님께 더 성숙한 자리로 나아가게 됨을 고백한다. 아울러 아침에 묵상하고 기도한 내용들은 저희 현지 사역자들과 성도들에게 자연스럽게 흘러가게 되어 진심으로 감사드린다. 이 카톡 큐티가 저뿐 아니라 더 많은 선교지와 선교사들에게 축복의 통로로 사용되어지기를 간절히 기원한다.

김상수 목사의 직역큐티

도서명, 목차 소개

솔로몬의 노래
- 잠언 · 전도서 · 아가
(2022. 4)

잠언

전도서

아가서

모세오경 1
- 창세기 · 출애굽기
(2022. 10)

창세기

출애굽기

모세오경 2

- 레위기 · 민수기 · 신명기

(2022. 12)

레위기

민수기

신명기

가나안정복이야기
- 여호수아 · 사사기 · 룻기
(2023. 3)

여호수아

사사기

룻기

요한이야기

1판 인쇄일 2023년 12월 5일
1쇄 발행일 2023년 12월 14일

지은이 _ 김상수
펴낸이 _ 한치호
펴낸곳 _ 종려가지
등록 _ 제311-2014-000013호(2014. 3. 20)
주소 _ 서울특별시 은평구 은평로 14길, 9-5
전화 02. 359. 9657
디자인 _ 표지 이순옥 / 본문 구본일
제작대행 _ 세줄기획/ 전화 02. 2265. 3749
영업(총판) _ 일오삼/ 전화 02. 964. 6993,
팩스 02. 2208. 0153

값 14,000 원

ISBN 979-11-90968-75-1

* 저자 연락처 010-4586-9892